Maria do Rosário

© 2020 por Thiago Trindade
© iStock.com/PeopleImages

Coordenadora editorial: Tânia Lins
Coordenador de comunicação: Marcio Lipari
Capa e projeto gráfico: Equipe Vida & Consciência
Preparação e revisão: Equipe Vida & Consciência

1ª edição — 1ª impressão
2.500 exemplares — abril 2020
Tiragem total: 2.500 exemplares

**CIP-BRASIL — CATALOGAÇÃO NA PUBLICAÇÃO**
**(SINDICATO NACIONAL DOS EDITORES DE LIVROS, RJ)**

J58m

    Joaquim (Espírito)
    Maria do Rosário / Thiago Trindade ; pelo espírito Joaquim. -
1. ed. - São Paulo : Vida & Consciência, 2020.
    192 p. ; 23 cm.

    ISBN 978-65-990536-2-7

    1. Romance espírita. 2. Obras psicografadas. I. Trindade,
Thiago. II. Título.

| 20-63414 | CDD: 808.8037 |
| | CDU: 82-97:133.9 |

Todos os direitos reservados. Nenhuma parte desta edição pode ser utilizada ou reproduzida, por qualquer forma ou meio, seja ele mecânico ou eletrônico, fotocópia, gravação etc., tampouco apropriada ou estocada em sistema de banco de dados, sem a expressa autorização da editora (Lei nº 5.988, de 14/12/1973).

**Este livro adota as regras do novo acordo ortográfico (2009).**

Vida & Consciência Editora e Distribuidora Ltda.
Rua das Oiticicas, 75 – Parque Jabaquara – São Paulo – SP – Brasil
CEP 04346-090
editora@vidaeconsciencia.com.br
www.vidaeconsciencia.com.br

# Maria do Rosário

## THIAGO TRINDADE

ROMANCE PELO ESPÍRITO JOAQUIM

# Apresentação

Uma modesta obra que fala de opressão, nas suas mais variadas formas, e também sobre esperança em um futuro melhor a partir da resignação, da fé, e, sobretudo, do perdão. Um compêndio que traz densas histórias que foram apresentadas com riqueza de detalhes pelo nosso venerável amigo espiritual Joaquim. Com seus fascinantes relatos, todos alinhados com os ensinamentos de Jesus, o autor espiritual nos apresenta histórias apaixonantes que nos remetem ao ensinamento do Cristo: "Faça ao próximo o que gostaria que te fizessem"; e vemos a verdade nisso pelas ações que se desenrolam nas páginas seguintes.

Os personagens retratados, quase todos negros ou mestiços, são palpáveis, e bem poderia ser a representação de uma das reencarnações pretéritas do médium e de quem nos lê. E esse pensamento, muitas vezes, me fez ir às lágrimas, certo de que eu era — e sou — um grande devedor perante a lei divina e que a estrada do progresso está bem diante de nós e que, muitas vezes, nos desviamos dela por orgulho.

Devo ressaltar que esta obra mereceu uma apresentação do próprio autor espiritual. Neste relato, somos levados da velha e arrasada África ao Brasil colonial dos séculos 17 e 18, caracterizando alguns costumes da época, com muitos valores diferentes de hoje na então capitania de Pernambuco, mais precisamente em uma grande fazenda de cana-de-açúcar. Nós nos espantamos com a crueza com que os pobres — incluindo aí os escravos ou não, brancos, vermelhos, negros ou mestiços — eram tratados e como eles se relacionavam com a divindade.

Esta obra, com personagens que parecem ao (à) leitor(a) serem de carne e osso, é totalmente baseada na codificação espírita, notadamente em *O Livro dos Espíritos*, com noções aprofundadas, é bom ressaltar, das leis naturais: do trabalho, de sociedade, de progresso, de liberdade, da lei de justiça, de amor e caridade, da perfeição moral. E, claro, conhecimentos advindos da fundamental obra *O Evangelho Segundo o Espiritismo*, os quais destacamos, para enfatizar a qualidade moralizadora deste compêndio, o Capítulo 5 – Bem-aventurados os aflitos; Capítulo 6 – O Cristo Consolador; Capítulo 7 – Bem-aventurados os pobres de espírito; Capítulo 8 – Bem-aventurados os puros de coração; Capítulo 9 – Bem-aventurados os mansos e pacíficos; Capítulo 10 – Bem-aventurados os que são misericordiosos; Capítulo 11 – Amar o Próximo como a si mesmo; Capítulo 12 – Amem seus inimigos; Capítulo 15 – Fora da caridade não há salvação; Capítulo 19 – A fé que transporta montanhas.

Nosso amigo Joaquim, como de praxe, mantém-se "aferroado" aos ditames da Doutrina dos Espíritos e traz para nós tais informações à luz da efervescente cultura brasileira, cuja formação miscigenada é única. Com riqueza de detalhes, o venerando espírito nos apresenta muito do caldeirão cultural que chegou até a terra do Cruzeiro vindo da África e as influências indígenas e católicas e suas interseções que se refletem até os dias de hoje. Novamente, a precisão histórica do espírito Joaquim impressiona e sua narrativa vigorosa encanta quem lê. Recordo que, em muitos momentos, eu tive dificuldades em compreender nomes, descrições e um fato histórico ou outro. Tive dificuldade em aceitar algumas questões, o que, infelizmente, deve ter complicado as coisas para o benfeitor espiritual. Pacientemente, o bondoso autor espiritual foi sanando minhas dificuldades até que, por fim, com a obra pronta, ele pediu que eu a enviasse para um professor de História para ratificar — ou não — os eventos aqui narrados; e ainda, no âmbito religioso, que um sacerdote de Umbanda, Rogério Lira, avaliasse alguns nomes de personagens e algumas situações que surgiram esporadicamente nas linhas psicografadas. Todas as informações religiosas e históricas se confirmaram da mesma forma como foram ratificadas as informações contidas nos romances *As portas do tempo* e *Com os olhos da alma*.

Convidamos os (as) amigos (as) a ler este livro e, sob a égide dos Ensinamentos do Rabi da Galileia, refletir se em nosso coração há ainda alguma corrente que nos prenda pesadamente neste mundo de provas e expiações e deva ser rompida.

**Abraço fraterno.**
**Thiago Trindade**

# Mensagem do autor espiritual

Como falar de perdão, paciência e resignação sem deixar de se lembrar do tormento que os africanos e indígenas passaram — e passam — em muitos lugares do mundo, em especial no Brasil? Como não observar a compreensão que esses povos tinham sobre Deus, sem considerar que o Criador não se importa com nomes ou formas? Este romance é coisa pequena, sabemos disso. Mas em tempos em que pouco se pratica o amor verdadeiro, embora muito se fale nele, se faz necessário refletir sobre como virtudes tão divinas, apresentadas na primeira linha desta mensagem, são fundamentais para a verdadeira vitória.

É claro que alguns poderão torcer o nariz para uma trama que não se passa em palácios europeus ou nas profundezas do umbral, conforme o modismo atual tanto sinaliza. Não importa a manifestação física da rejeição, via careta, desde que se busque refletir sobre por que está se torcendo o nariz, como costumamos dizer. O preconceito é uma das faces da vaidade, isso é uma verdade incontestável, e este pequenino livro fala diretamente sobre preconceito.

O(A) leitor(a), que se dispuser a ler estas despretensiosas linhas, verá que Deus e Seus auxiliares se manifestam sob todas as aparências e formas, nos inspirando a galgar pela estrada da luz da melhor forma possível. Verá ainda, o(a) amigo(a), que esta obra faz uma singela homenagem aos espíritos que sulcaram essa Terra do Cruzeiro com sangue, suor e lágrimas, com muita esperança no coração, pois estavam certos de que as asperezas da vida são passageiras, cabendo a nós mesmos o tempo de sua duração.

Assim, convidamos à leitura de *Maria do Rosário*, que homenageia uma humilde e anônima trabalhadora do Cristo que, em Seu santo nome, consola corações aflitos em qualquer lugar onde seja necessária, com o nome e a aparência que se fizerem necessários aos necessitados.

Que Deus, da forma que vocês quiserem chamá-Lo, os abençoe!

**Joaquim**
**Seropédica, 12 de setembro de 2015.**

# Um pouco de História

A escravidão, também chamada de escravagismo ou escravatura, é um retrato triste de um mundo atrasado. Geralmente, nós a associamos apenas ao aprisionamento do negro e seu trabalho forçado. Entretanto, registros históricos demonstram que a escravidão, nas mais variadas formas, inclusive a voluntária, existe há milhares de anos em todos os cantos do mundo.

Também outra ideia equivocada é a de que não se escravizaram índios e mestiços. Foram os chamados bugres, "gentios da terra" ou "negros da terra" os primeiros escravos a servirem nas fazendas e casas, ainda nos primórdios do país chamado Brasil. Importante lembrar que muitas tribos — bem antes da invasão dos europeus — também praticavam a escravidão, por exemplo, os tapuias, guaianases e tupinambás.

Os primeiros negros a chegarem ao Brasil, ainda colônia portuguesa, eram do grupo etnolinguístico denominado banto ou banthu, sendo originários dos países que atualmente são chamados de Congo, Angola, Benguela (sua província em litígio), Moçambique, Mina (povos de uma etnia chamada fanti-ashanti, originária de Gana) e Guiné. Mais tarde, outro grupo étnico — os yorubanos — foi trazido, com traços culturais completamente diferentes dos bantos, mas que, por força de pressões sociais — e por que não considerar espirituais —, acabaram por se mesclar, instituindo-se aí uma série de sincretismos que perdurou até hoje. Os yorubás, também chamados de nagôs, são provenientes da África Ocidental, e muitos dos seus filhos que chegaram ao Brasil eram oriundos da Nigéria, do Togo e de Serra Leoa.

Desde que foi instaurada pelos dominadores no Brasil, a escravidão foi combatida, com destaque aos Jesuítas da Companhia de Jesus, que criaram uma série de medidas para salvaguardar os indígenas, e, muitas vezes, enfrentaram a fúria dos bandeirantes e até mesmo de outras tribos silvícolas.

Apenas no século 19, as primeiras das grandes medidas contra a escravidão começaram a ser implantadas. Em 1845, o parlamento inglês aprovou poderes à marinha britânica para atacar os navios negreiros, dando duro golpe no volumoso tráfico de escravos. Mais tarde, em 1871, estimulada por José do Patrocínio e Joaquim Nabuco, é instaurada a Lei do Ventre Livre, dando liberdade aos filhos de escravos. Finalmente, em 13 de maio de 1888, é promulgada pela princesa Isabel em nome de seu pai, o imperador Pedro II do Brasil, a Lei Áurea, ou seja, a Abolição da Escravidão no país. Cumpre destacar que o Brasil foi a última nação a libertar formalmente seus escravos.

Ainda hoje, a escravidão reside em alguns lugares do mundo, incluindo o Brasil, para nossa vergonha.

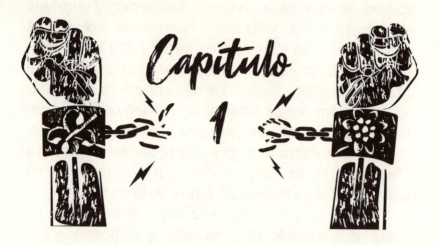

# Capítulo 1

A planície fora devastada. Incêndios devoradores eram avistados por todos os lados, e a fumaça enchia os pulmões aterrorizados dos vencidos. Cães e aves de rapina banqueteavam os despojos dos mortos, enquanto os sobreviventes eram brutalizados pelos ferozes vencedores, antigos rivais que se valeram de estranhas armas para derrotar definitivamente a outrora poderosa tribo liderada por Soba ou rei Kandimba. O corpo do rei foi arrastado por entre as casas e, por fim, despedaçado a golpes de machado e lança.

No dia seguinte à grande derrota, Kuetami, que não havia completado ainda dez verões, era empurrada violentamente para junto das demais crianças e mulheres que seriam levadas para longe dali. Os rapazes que sobreviveram tentavam se debater nas correntes, alucinados. Ouviram durante toda a noite suas mães e irmãs serem subjugadas pelos cruéis vencedores. Os guerreiros vencedores escarneciam deles e simplesmente apertavam as correntes até que houvesse odioso silêncio.

Kuetami era uma das inúmeras filhas de Soba Kandimba com Akemba, uma das preferidas do rei; a filha era adorada pelo pai por conta da sua beleza e vivacidade. A menina, agora brutalizada e imunda, esforçava-se para manter-se de pé, enquanto o sangue ainda fluía dos ferimentos. Seu corpo massacrado pulsava com dificuldade, mas algo dentro da pequena a impelia a viver.

Akemba chegou, trazida por dois homens pintados de calcário. Eles riam dela, que possuía extraordinária beleza. Aqueles foram os últimos. A mulher mantinha a cabeça erguida e não havia lágrimas em seu rosto, outrora suave e gentil. As mãos de Kuetami se enroscaram as de Akemba, e elas não se olharam.

Os vencedores guiaram os vencidos pelas planícies e colinas, na direção do mar. Todos sabiam para onde seguiam: a grande Casa de Pedra, à beira-mar, erguida por homens feios e estranhos, que tinham a pele branca e encardida e longa barba sebosa. Esses homens, que não tinham a companhia de mulheres de sua estirpe, vestiam roupas que não eram feitas de peles de animais, mas de metal, e usavam longas tiras do mesmo material presas à cintura e pedaços de paus que cuspiam fogo e pedras que matavam à longa distância. Foram aquelas armas que a tribo do Rei Longo usara para destruir o povo de Kandimba.

A viagem duraria quatro dias e, durante as noites, os ferozes guerreiros brutalizavam as mulheres diante dos olhos de seus filhos e sobrinhos, que, por fim, não mais esperneavam. Apenas respiravam e sentiam o imensurável vazio dentro deles.

Chegaram, por fim, à Casa de Pedra, uma enorme construção feita de pedra escura sobre uma colina junto ao mar. Grandes barcos, os maiores que os negros tinham visto, jaziam ancorados não muito longe da praia suja e cheia de cães e aves de rapina. O ar fedia fortemente.

A tribo dos portugueses — como aquela gente estranha era chamada — havia anos comprava os vencidos das guerras dos negros em troca de espelhos, lanças, tecidos e alguns utensílios; mas agora eles pareciam desejar ainda mais dos povos mais fracos e tinham passado a oferecer seus paus de fogo e pedra e até suas "capas de ferro". Soba Kandimba, por muitas vezes, negociou com essa tribo, entregando os vencidos que ele próprio trazia das batalhas. Mas o rei, ao receber a oferta de usar as novas armas contra seus inimigos, preferiu continuar com o que já conhecia, para não desagradar os inkices protetores da sua tribo. Mas Soba Longo, por sua vez, aceitou de pronto a oferta dos homens vindos do mar.

Um homem gordo, com uma longa barba grisalha, chegou ao grupo de Soba Longo montado num animal que parecia uma zebra, porém sem listras, totalmente negro. Ele e o rei vencedor trocaram algumas palavras, e o grupo seguiu o homem de "capa de ferro". Ao atravessar os altos portões de madeira, que eram margeados por uma alta e espessa muralha de pedra, os negros — tanto os vencidos quanto os vencedores — se encolheram. No vasto pátio, um grande grupo de negros acorrentados — outra tribo — jazia silencioso sob o sol escaldante.

Homens brancos vieram e examinaram o que sobrara do povo de Soba Kandimba. Eles ficaram espantados ao constatarem que iriam adquirir os sobreviventes de uma das tribos mais ferozes que se tivera notícia naquela região. Soba Kandimba, um dos maiores fornecedores de negros aos portugueses, jazia morto e apodrecia em algum lugar ermo, enquanto seus filhos e suas mulheres eram arrastados até o pátio de pedra, e dali, em breve, para o outro lado do mar.

Soba Longo recebeu mais armas e até mesmo as "capas de ferro". Diante dos olhos de Kuetami, o poderoso rei parecia hesitar diante dos feios portugueses e seu olhar cruzou com o da menina. Pareceu a ela que o grande guerreiro temia que ele próprio e sua gente acabassem como os antigos inimigos, agora varridos definitivamente das planícies, diferentemente de antes, quando os vencedores se alternavam desde a criação do mundo.

Os portugueses, após os guerreiros saírem a passos ligeiros, trouxeram baldes de água de gosto ruim para os vencidos e levaram os homens para junto do grupo que lá estava. As mulheres foram empurradas até junto da parede, onde havia sombra. O português de barba grisalha sorria satisfeito para o "lote" recém-adquirido, e seus olhos estreitos se fixaram em Akemba, que estava abraçada à filha.

— Filha minha — disse Akemba aos ouvidos de Kuetami, quando os portugueses se afastaram —, Nzambi Mpungu tem uma razão para isso, mas é tempo de sobreviver para nossa vingança.

— Onde estão nossos ancestrais? — indagou a menina, num fio de voz.

— Não sei, minha filha — respondeu a mulher. — Não sei nem se eles existem.

Kuetami fitou a mãe destroçada. Ela se lembrava dos rituais da tribo quando todos se reuniam para louvar os inkices sagrados. A criança se impressionava em ver sua mãe tomada pela divindade, o único momento que o austero Kandimba se curvava e prostrava-se de rosto colado ao chão empoeirado. Eram dias de fartura e de muita alegria, nos quais os mais velhos julgavam causas no conselho do rei e se realizavam casamentos. Até mesmo outras tribos vinham para os festejos, e eles falavam de seus ancestrais. Tudo isso, agora, parecia ter acontecido havia um tempo sem conta, e Kuetami apenas fitou a mãe.

Chegara o momento da partida. Bruscamente, os portugueses empurraram os negros acorrentados.

# Capítulo 2

Diante do mar, muitos negros se encolheram. Kuetami lembrava-se da história do terrível Olokum que devorava aqueles que ousavam se afastar muito da costa. A menina se recordava da velha Kayin, trazida por um antigo rei de uma terra distante e estranha ao norte, que dizia que algumas tribos sacrificavam pessoas para que a ira de Olokum fosse abrandada. Silenciosamente, a menina fez uma prece pedindo que os grandes barcos fossem tragados pela força do mar. Mas, então, ela mesma percebeu que os portugueses, de alguma forma, haviam conquistado a simpatia do hamba, que significava divindade em seu povo.

Levados em barcos menores, os negros se encolhiam amontoados e eram açoitados para que subissem as escadas de cordas que ficavam nas laterais dos barcos maiores, que eram chamados de naus ou caravelas pelos portugueses.

Um horrendo homem com um olho só e com a mão esquerda com apenas três dedos, incluindo o polegar, guiava os vencidos para um buraco que os conduzia ao interior do ventre do barco. O ar nauseabundo de doença e morte enregelava a todos. Abraçada à mãe, Kuetami adentrou a escuridão, e ferros sebosos foram postos em suas canelas sujas e nos pulsos feridos. Alguns, a maioria rapazes, receberam argolas no pescoço.

O espaço era pequeno para tanta gente. Apertados e sem ar corrente para respirar, muitos desmaiaram e foram empurrados pelos próprios parentes. O homem de um olho só brandia o chicote.

— Fiquem quietos! — disse o homem na língua dos negros ali presentes. — Fiquem quietos e viverão! Terão água e comida! Não gosto de barulho! Irão para um lugar espaçoso, seus infelizes, se obedecerem à minha ordem!

O lugar estava infestado de pequenos insetos que faziam a cabeça dos negros coçarem, e muitos enjoavam com os movimentos do mar. Não tardou para que o primeiro morresse. Um menino, com não mais do que cinco anos e meio-irmão de Kuetami, desmaiou, e sua mãe Natula apertou seu pescoço até que a morte se completasse. Aquela mulher, pelo que lembrava Kuetami, era gentil e amava muito sua prole, dando ao rei sete filhos, e Ekumbi era o caçula. A menina observou a mãe, receosa de que ela lhe fizesse o mesmo que Natula, caso desmaiasse ou dormisse. Mas ela recordou as palavras de Akemba para fazer o possível para sobreviver.

Logo o homem caolho e mais dois chegaram e xingaram o corpinho da criança. Pegaram o cadáver de qualquer jeito, enquanto Natula jazia inerte, com os olhos vidrados num horizonte perdido. Ekumbi foi arremessado ao mar, ainda próximo à praia. Seu corpo boiou e foi picado pelas gaivotas, e, por fim, as ondas levaram o filho caçula de Kandimba para longe do barco.

As velas foram içadas, e a grande nau deixou a costa africana. Os marinheiros cantavam na superfície do navio, e Kuetami foi tirada por um dos auxiliares do homem de um olho só, que era o chefe daquele lugar terrível. Akemba trocou olhares com a filha e, por fim, baixou a cabeça.

O lado de fora do barco era fresco e o ar salgado dali era muito diferente do que havia na praia da Casa de Pedra. Partículas de água do mar respingavam no corpinho magro e surrado de Kuetami, que percebeu que negros trabalhavam ativamente no barco. Eles eram bem alimentados e traziam porretes atados à cintura.

— Jogue água no chão — disse, na língua dela, o português que a tirara do causticante ventre da nau. — Não beba dessa água!

Kuetami pegou um balde que tinha uma fina corda amarrada e jogou a água do mar no convés, enquanto dois rapazes negros, marinheiros, limpavam com esfregões. O barulho do mar era belo e acalentou as dores da menina, que não se voltava para suas águas por medo de Olokum. Jogava o balde olhando para o piso de madeira e o puxava, com esforço, mas sem fitar o mar.

Depois de um tempo, ganhou um copo de água e um pedaço de pão. Mais no alto, perto de uma grande roda de madeira que devia controlar a nau, o capitão Rodrigo, como se chamava o cruel homem de um olho só, fitava o mar.

Entardecia. O vento ficara mais forte, e o mar estava revolto. O mesmo homem que fora buscar Kuetami no porão pegou-a pelo braço e a arrastou pelo convés.

De qualquer jeito e sem palavra alguma, jogou a menina porão adentro, sem atá-la nas correntes. Ficaria apenas com a que limitava suas pernas. Abraçada à mãe, que não lhe dirigiu palavra alguma, as duas permaneceram longo tempo, enquanto os negros gritavam misericórdia a Olokum, que sacudia violentamente a nau.

Trovões faziam reverberar as lascas de madeira da caravela, e os homens berravam no convés. Muitas mulheres desmaiaram, enquanto outras vomitavam o pestilento caldo que os portugueses haviam entregado. A voz dissonante de Olokum passava pelas tábuas num silvo cruel, e a água do mar entrava pela única porta, misturando-se aos dejetos.

A tempestade passara. Na manhã seguinte, alguns homens vieram e levaram algumas mulheres, dentre elas Akemba e Natula, que não emitira um único som desde a morte do pequeno Ekumbi. Kuetami também fora levada, mas logo recebeu o balde nas mãos. A menina ajudou a buscar água para que as mulheres fossem lavadas diante daqueles homens.

Sentada nas escadas que levavam à grande roda de madeira, Kuetami fixava agora o mar que falhara em tragar a vida de todos ali.

— Qual delas é sua mãe? — indagou o capitão Rodrigo, que estava junto ao leme, conforme a menina aprendeu depois.

Com o olhar, a criança indicou onde estava Akemba e baixou a cabeça. O homem jogou para ela um pedaço de queijo duro.

— Vocês irão, se sobreviverem à viagem, para um lugar não muito diferente da terra em que você nasceu — disse Rodrigo. — Lá não terão mais guerras, mas trabalho.

E continuou:

— Seja dócil, criança, e quem sabe será até agraciada com uma alma por Deus!

Fazia muito frio naquela noite escura, e apenas alguns gemidos eram ouvidos, baixinho, no porão. Dois rapazes haviam tentado se matar, mas foram impedidos pelos marinheiros que ataram ainda mais firmes as correntes. No dia seguinte, alguns negros começaram a tossir, e Rodrigo veio e levou aqueles que ele vira pôr as mãos na boca. Jogou-os no mar com as correntes ainda atadas aos seus tornozelos.

O capitão não iria permitir que a doença se alastrasse. No dia seguinte, Natula morreu. Ela não se alimentara desde que partira da Casa de Pedra. Seu corpo foi arrastado de qualquer jeito pelo homem que abusara dela dois dias antes.

A caravela seguia lentamente. As velas, grandes tecidos marcados por uma imensa cruz vermelha, iam cheias, apesar da vagareza. Os piolhos incomodavam violentamente, e os ratos eram comidos crus pelos negros esfaimados. Irmãos ignoravam o sofrimento de irmãos. Todos pensavam em apenas sobreviver. Kuetami levava pedacinhos de pão para sua mãe, que eram alvo da cobiça dos negros, e houve quem tomasse da esquálida Akemba o parco presente de sua filha. Quando isso aconteceu, a menina reparou que o olhar da mãe não tinha qualquer brilho, tal como ficara Natula após a morte do filho.

Naquela mesma noite, Akemba beijou a filha com seus lábios rachados e inflamados e fechou os olhos. Kuetami sabia que a mãe morrera. No entanto, permaneceu abraçada a ela até que os marinheiros viessem e levassem o corpo dali, junto com os de mais três mulheres. Kuetami seguiu para fora, onde o serviço do convés a esperava. E ela, silenciosa, viu jogarem a última das esposas de Soba Kandimba no mar de Olokum. A menina viu o corpo de Akemba boiar, pois haviam lhe tirado as correntes e, então, afundar, bem junto ao madeiro do barco.

Aos olhos de Kuetami, porém, pareceu que uma mulher esguia chegava até o corpo de Akemba e o abraçava carinhosamente. Os olhos daquela estranha mulher se voltaram para Kuetami, que não sentia medo, e, então, desapareceu na profundeza levando o cadáver da antiga consorte de Kandimba.

Pensativa, Kuetami concluiu que não fora Olokum quem viera buscar sua mãe e rezou, pela primeira vez, para Dandalunda, uma das protetoras de seu povo.

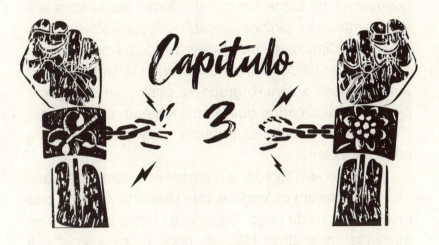

## Capítulo 3

Depois de muitos dias no mar, enfrentando mais duas tempestades e o falecimento de mais alguns negros, o navio finalmente aportou em Recife, na capitania de Pernambuco.

Rodrigo e seus homens puseram os negros sobreviventes para fora, e estes respiraram ar puro pela primeira vez desde que haviam chegado à Casa de Pedra.

Guiados como gado pelo pessoal do navio, os negros chegaram até uma praça e lá foram recebidos por um velho homem de chapéu de abas largas. Ele cuspiu no chão e apertou as mãos de Rodrigo. Atrás do velho, uma mulher de cor cobre, vestindo uma esfarrapada saia, fitava atentamente os recém-chegados. A um gesto do senhor, ela chamou outros criados que traziam baldes com água e sabão. As pessoas que vieram tinham traços de homens brancos, embora fossem pardos e não tão negros quanto os recém-chegados das terras conhecidas como Congo.

A água foi jogada sobre os corpos esquálidos, e buchas quase reabriram as feridas que carregavam no que restava de carne. Os cabelos foram tosquiados violentamente, e os piolhos, caçados. Todos estavam nus, e panos ordinários e sujos foram trazidos. Após a limpeza, um caldo fétido foi trazido e servido fartamente. Sob uma frondosa árvore, o grupo foi posto, sendo vigiado por homens armados que permaneceram ao redor. No dia seguinte, entendeu Kuetami, aconteceria alguma coisa com eles.

A noite veio rápido, e o amanhecer também. Cães vadios rondavam os negros, que despertaram com pão mofado e água de poço. Os rapazes foram à frente, e as mulheres, mais atrás. Naquela hora, a praça fervilhava de gente. Homens e mulheres brancos, negros e avermelhados, com trajes esfarrapados ou elegantes, circulavam por todos os cantos. No centro da praça, diante de uma alta construção branca que possuía uma cruz semelhante a que se via na vela da nau, havia um palanque. Um homem gordo e careca exibia uma moça nua mal saída da infância, e dois velhos portugueses a disputavam com palavras estranhas. Cada um segurava uma bolsa de couro e a agitava sem parar.

A moça foi arrematada, e seu trapo foi reposto. O seu comprador possuía um semblante lupino e sorriu para sua "peça", que foi amarrada por um vigoroso rapaz. Em momento algum, a jovem ergueu o rosto.

Outro negro, dessa vez um homem, foi posto no palanque. O gordo falou algo que Kuetami não compreendeu, e logo os interessados subiram no estrado e examinaram o escravo, o que a filha do rei Kandimba entendera perfeitamente. Novamente, houve disputa entre os interessados, e um homem de longa cabeleira avermelhada levou a melhor. O comprado ergueu seu olhar para o dono, e, por um momento, Kuetami vislumbrou o grande guerreiro que ele fora um dia. O açoite do homem de cabelos avermelhados lambeu as costas do antigo guerreiro, que seguiu silenciosamente até junto de uma carroça.

Chegou a vez dos negros trazidos por Rodrigo. O capitão não tivera tempo de preparar seus escravos, dando uma alimentação melhor, e também as "peças" mais belas haviam morrido na viagem. Tentaria o melhor preço possível. Alguns, sobretudo os rapazes mais fortes, foram vendidos em separado. Os outros, sobretudo as mulheres e crianças, foram vendidos em grupos de três. Um homem ricamente vestido de azul-claro e cabelos ligeiramente grisalhos assomou-se ante os demais. Chegara atrasado, e seu aborrecimento em perder o leilão do antigo guerreiro africano era evidente. De imediato, comprou cinco dos rapazes de Rodrigo, e nenhum português ousou fazer frente ao recém-chegado, que trazia uma escolta de negros fortes e homens acobreados. Dom Fernando Coutinho, aquele rico senhor, comprou ainda dois lotes de jovens mulheres, dentre elas, Kuetami, que ficou amedrontada quando sentiu sobre si o olhar frio do poderoso português, quando este inspecionou seus ossos e dentes.

Um homem de cabelos grisalhos e traços acobreados, que trazia presos à cinta uma pistola e um facão, empurrou os novos escravos para junto da carroça e amarrou a todos com uma grossa corda, a despeito das correntes em seus pés. Um enorme cão amarelo fazia companhia àquele estranho homem de semblante feroz.

Kuetami observou dom Fernando trocar um saco de moedas com Rodrigo, que lhe entregou alguns papéis.

O olhar do capitão encontrou o de Kuetami, e ela se lembrou do que ele lhe dissera no início da viagem, quando sua mãe ainda estava viva.

Alguns dos fortes negros que escoltavam o português se afastaram e retornaram pouco depois com grandes sacas, depositando-as numa das carroças. O mais forte deles, de aspecto ainda mais feroz do que o capataz Tião, observou lentamente as mulheres. De repente, ele socou o ventre de um rapaz chamado Kapitango, que desabou violentamente no chão, enquanto Tião chamava a atenção do agressor, que se chamava Jorge. Imóvel, Kuetami observou Kapitango levantar-se, trêmulo de medo. Ele não contava com 15 anos e lutara pela primeira vez na derrota da tribo, e, desde então, não pronunciara uma única palavra. O jovem era filho de Jombo, irmão mais novo de Kandimba, e vira seu pai ser morto pelas costas e sua mãe ser violada sobre o corpo do pai ainda vivo.

A caravana iniciou a viagem para o local conhecido como "o engenho". O senhor seguia montado em um enorme cavalo malhado e, vez ou outra, distanciava-se da comitiva, ressurgindo de repente, para inspecionar a carga e os novos escravos.

Alcançaram uma vila, e dom Fernando se retirou para uma taverna, enquanto Tião e os escravos negros e mestiços do senhor permaneceram do lado de fora com os recém-comprados. Fazia calor, mas nenhum dos novos escravos reparava nisso. Apenas comeram vigorosamente o milho cozido e o pão que foi ofertado e beberam a água fresca trazida da vila. Após alimentar-se, Kuetami sentiu o cheiro da terra estranha e inimaginável que se encontrava.

Pela manhã, a viagem prosseguiu com os escravos novos quase sendo arrastados, pois ainda estavam fracos pela viagem e pela imobilidade da prisão no ventre da nau. Dom Fernando parecia entender isso e providenciava alimentação extra, baseada em pão e milho, e com mais paradas que as habituais. Aos olhos de muitos dos novos escravos, o senhor era um homem bondoso. Kuetami, porém, apenas comia e descansava, recordando-se das palavras de sua mãe sobre sobrevivência e as de Rodrigo sobre docilidade.

Na alvorada do segundo dia, chegaram às terras de dom Fernando, recheadas de gado e uma infinidade de terras cobertas de cana-de-açúcar. Crianças negras e pardas vinham receber a comitiva, e mulheres acobreadas, que seguravam cestos de verdura e roupas, fitavam enigmaticamente os novos escravos.

Tião ficou no comando da comitiva, enquanto dom Fernando se dirigia para uma opulenta e alvíssima casa que se assomava sobre uma colina. O capataz guiou o grupo pela estrada de pedras e chegou a uma vila de casas de pau a pique. Ali, outras pessoas vieram ver os escravos comprados. Uma velha, de olhos estreitos e pele avermelhada, chegou e falou com Tião num dialeto que não era a feia linguagem que os portugueses usavam entre si.

Kuetami percebeu que Tião ouvia a velha mulher, que trazia seus longos e lisos cabelos grisalhos trançados — algo até então nunca visto por nenhum dos recém-chegados —, e os olhos dela se encontraram com os da menina negra. A velha sorriu e indicou ao grupo que a seguisse. Chegaram a um grande galpão fétido, com o chão coberto de palha. Correntes e argolas se

27

espalhavam pelos cantos do lugar que era chamado de senzala. Ali, os rapazes foram deixados. Mais adiante, em outro galpão, ficaram as mulheres. Kuetami, com os pés esfolados sobre a palha, fitou o terrível lugar. Era aquele seu novo lar. Encontrou também utensílios, sinal de que outras pessoas moravam ali.

A velha, chamada Jandira, trouxe, com um menino negro, farrapos e alimentos. As mulheres comeram e usaram as roupas de tecido grosseiro, e, na pequena Kuetami, elas ficaram grandes, fazendo a velha rir gostosamente.

Jandira se fazia entender com gestos, pois sua língua era muito diferente, mas as negras do Congo intuíram que, em breve, outras mulheres iriam chegar. Mais tarde, algumas mulheres chegaram da lida, suadas e fatigadas. Algumas tinham a pele mais clara e os cabelos menos crespos, outras eram tão negras como as que chegaram trazidas por Rodrigo. Nenhuma delas falava a mesma língua, embora muitas palavras fossem parecidas às do idioma nativo de cada um.

Deitada num monte de palha, Kuetami se encolheu e, com os olhos semiabertos, viu alguns dos homens, liderados por Jorge, entrarem em busca de algumas das escravas.

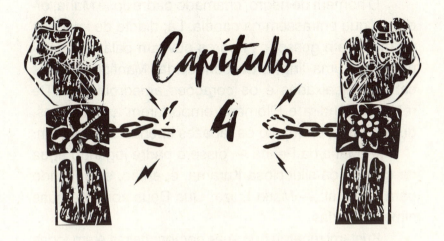

# Capítulo 4

No dia seguinte, as recém-chegadas foram despertadas por uma negra que se chamava Filomena, cuja língua era muito parecida com a de Kuetami e suas companheiras de infortúnio. Aquela mulher, cujo rosto era cheio de cicatrizes e exibia um olhar triste, se movia lentamente, como se algo invisível pesasse sobre ela. Parecia muito velha, embora a menina achasse que a mulher deveria ter a mesma idade de sua mãe.

Os novos escravos se reuniram à sombra da casa-grande, que era ladeada por uma casa diferente, chamada Capela de Nossa Senhora. Um homem de vestes negras se encontrava diante da alta porta. Uma mulher branca com um longo vestido claro e de olhar arrogante fitava as "peças" compradas pelo marido, que não se encontrava ali.

Jandira lavou o rosto e as mãos dos escravos, que eram observados por Tião e alguns auxiliares mestiços como ele próprio, e seus facões estavam à mostra. O grande cão de fila jazia deitado à sombra, aguardando um eventual comando de seu mestre.

O homem de negro, chamado padre José Maria, ordenou que entrassem na capela. Lá, diante de imagens de madeira e gesso, os negros ouviram palavras estranhas, em uma língua desconhecida. Mantinham suas cabeças abaixadas e os corações amedrontados. De repente, Jandira e Filomena empurraram as mulheres, duas a duas, enquanto os rapazes apenas observavam.

— Maria da Penha — disse o padre jogando água na cabeça da silenciosa Kurama, e, então, se voltando para Kuetami: — Maria Luiza. Que Deus abençoe suas almas danadas.

Kuetami reparou que suas companheiras eram todas Marias: Penha, Luiza, de Lourdes, Ana, Antônia e José. Os rapazes chamaram-se todos José: Antônio, Maria, Pedro, Lucas e Tadeu.

Após proferir outras palavras, padre José indicou aos capatazes que levassem os escravos e ficou conversando com dona Mariana. Antes de sair da capela, porém, Kuetami lançou um último olhar àquele estranho lugar e viu uma imagem de mulher, belíssima, que de alguma maneira a fez se recordar da jovem que vira abraçar sua mãe morta sob as águas do mar.

Do lado de fora, Tião fez com que os rapazes o seguissem para os campos de cana, para aprenderem o trabalho que acabaria por ceifar suas vidas. Jandira e Filomena separaram as moças. Filomena seguiu com quatro delas para a casa-grande, e Jandira ficou com Kuetami e Kurama. As duas aprenderam rapidamente que a velha mulher era de uma raça de gente chamada de índio. Ela se fazia entender por gestos e falava lentamente para que as duas escravas entendessem o que dizia e aprendessem a nova língua.

À sombra de uma mangueira, a velha índia explicou sobre a rotina na Fazenda Santa Maria e como seria a vida delas ali. Jandira evidenciava estar ali tempo suficiente para entender como o reino de dom Fernando funcionava. Doloroso, porém, foi quando as meninas souberam que seus nomes foram banidos e que só poderiam atender pelos nomes de Maria da Penha e Maria Luiza.

Os dias passaram velozes, e as duas companheiras de Jandira aprenderam rápido o serviço de lavadeira e o de ajudar na lida da horta. A velha índia cantava, à beira do rio, suas cantilenas na língua natal e ouvia com atenção quando as jovens entoavam suas próprias melodias. Jandira ensinava as duas a reconhecerem as ervas e dizia para que serviam, e, vez ou outra, as escravas acompanhavam a velha no atendimento aos escravos. Com o semblante de espanto, viam a índia arengar impropérios contra Tião, seu filho e violento feitor, que tinha uma esposa negra comprada do senhor graças ao trabalho que fazia, e o homem cruel baixava silenciosamente a cabeça.

Certo dia, Maria da Penha vomitou o angu e amparou-se na parede da senzala. Maria Luiza já vira aqueles sintomas dias antes quando três das que tinham vindo com ela no navio apresentaram o mesmo quadro. Aterrorizada, Kurama ouviu a sentença de gravidez da velha Jandira. O pai provavelmente era algum dos guerreiros do Rei Longo, ou talvez algum dos marinheiros de Rodrigo.

— Eu ainda conheci a liberdade — disse Kurama, em lágrimas — mas esta criança nascerá escrava, filha da morte de minha tribo.

— Esta criança não tem culpa — disse Jandira, com firmeza. — E não importa quem é o pai. Importa é que seja seu filho.

Com as palavras de Jandira na cabeça e tentando imaginar a dor de sua amiga, pois, após terem sido batizadas é que começou a ressurgir a antiga amizade entre as mulheres da tribo, Kuetami caminhava para a capela. Padre José a convocara para alguma tarefa e, como Maria Luiza aprendia depressa a língua dos senhores, estava mais apta ao serviço que o sacerdote preparava.

No entanto, quando passava pelas casas de pau a pique dos escravos mais antigos, Jorge surgiu diante da pequena Maria. Ela estacou com o susto, diante do alto negro de olhar cruel. Jorge caminhava com uma foice que, brandida com eficiência, podia facilmente cortar um homem ao meio com um só golpe.

— Hoje à noite, você será minha — disse o escravo com voz gutural. — Já está forte o suficiente para aguentar meu peso.

— Tenho de ir até o padre José — retrucou Kuetami com um fio de voz. — Se eu me atrasar, ele pode mandar seu Tião me bater.

— Você me ouviu — rosnou o mais forte dentre os escravos. — Agora você é minha.

Jorge continuou seu caminho, deixando Kuetami parada por alguns momentos. Ela sabia que o escravo possuía três mulheres em sua casa e ainda agarrava algumas escravas da senzala. O senhor da fazenda permitia, porque Jorge era o mais leal dos escravos, tendo chegado ainda criança do além-mar. O violento escravo fazia às vezes de feitor quando Tião tinha muitos afazeres e podia ir e vir quando quisesse.

A passos ligeiros, a menina alcançou a capela, onde o cura a esperava.

O padre secava o suor da calva quando viu a menina diante de si. Ele percebeu que o trato da fazenda fazia bem a Maria Luiza, pois seus olhos percorreram várias vezes o corpo da jovem. Kuetami conhecia bem aquele olhar e apenas se limitou a fitar o piso de madeira.

— Você entende o que falo? — indagou o padre.

— Um pouco — respondeu a menina.

— Qual seu nome cristão? — volveu o sacerdote.

— Maria Luiza.

— Sabe por que você está aqui, Maria Luiza?

— Não.

— A Santa Igreja diz que os negros não possuem alma — disse o padre fitando a imagem de um homem magro pregado numa cruz. — Logo, podemos matá-los, pois não é pecado. Você sabe o que é pecado?

— Não.

— É algo proibido — respondeu padre José. — Uma ofensa a Deus. Levantar sua mãozinha contra dom Fernando é pecado. Levantar sua mãozinha contra mim é pecado. Para você ganhar uma alma e ir para o purgatório, é necessário obedecer a todos. Entendeu?

— Sim.

Kuetami observou o homem morto no altar. O padre seguiu o olhar dela.

— Jesus Cristo morreu para salvar nossas almas do Diabo, Maria — o padre acariciou o pescoço esguio da jovem. — Ele é o seu Salvador. Seja boazinha, e Ele virá te salvar.

— E aquela moça?

— Aquela é Maria, a santa das santas — volveu o padre, com boa vontade. — Mãe de Jesus. Ela chora por todos os sofredores.

— Por que eu sofro tanto, padre José? — a indagação de Kuetami soou tão doce e vibrante que o sacerdote engasgou nas palavras.

— Tem certas coisas que só Deus sabe — murmurou o homem tirando suas mãos da menina. — Um dia, seremos todos julgados de acordo com nossos pecados...

Dizendo aquilo, padre José se retirou, indicando a vassoura e o balde para Maria Luiza, que iniciou a limpeza da capela, tarefa que cabia à esposa de Tião, mas que ganhara neném havia poucos dias, e, por isso, estava impedida de executar o trabalho durante algum tempo.

Várias vezes, Kuetami se voltava para as imagens, certa de que elas pareciam observá-la, mas essa estranha ideia não a atormentava. Pelo contrário, a companhia silenciosa daqueles ancestrais estranhos a confortava. Sempre que seus olhos se voltavam para Maria de Nazaré, os traços de madeira e gesso se assemelhavam cada vez mais com as da mulher sob as ondas.

— Mãe de Jesus e protetora dos sofredores — disse Maria, de repente —, me dê forças para sobreviver! Eu quero tanto voltar para minha casa! Só que eu não tenho mais casa!

Diante de Kuetami, a imagem da Santíssima Virgem pareceu adquirir um tênue brilho prateado, e lágrimas correram pelo rosto pintado da imagem. Pareceu à jovem que aquele estranho inkice ouvia suas palavras e ajoelhou-se.

— És forte — disse uma voz que parecia vir de todos os lugares e tamanha era a ternura daquele som que

**34**

fez a jovem chorar pela primeira vez desde que fora atirada no chão por algum guerreiro obscuro do Rei Longo — e sua luz iluminará a todos à sua volta. Seja paciente, filha. Seja perseverante e tenha fé. Não está desamparada. No fim, entenderá que seu lar é o seu coração. Fale sempre comigo, pois estou contigo. Emocionada, a negra caminhou até a imagem e beijou-lhe os pés.

# Capítulo 5

Mais tarde, Jandira encontrou Kuetami na capela já limpa. A índia percebeu que a menina estava diferente, mas não deu importância.

— Venha comigo — disse Jandira com urgência. — José Antônio foi picado por uma cobra!

Com uma agilidade impressionante para alguém idosa, a índia ganhava distância com velocidade, e Maria Luiza ia em seu encalço. Chegaram à vila dos escravos e encontraram o jovem José Antônio, que nascera Kapitango, deitado sobre uma mesa, num dos galpões de ferramentas. Tião segurava uma cobra vermelha e negra morta, e o semblante do homem era pessimista.

— Coral, mãe — disse o feitor. — O negro está morto.

— Ainda não! — disse a mulher tirando algumas ervas e um estranho xarope.

Fazendo o escravo engolir o líquido, Jandira entoava uma estranha cantiga em sua língua, enquanto Maria Luiza observava. Tião e pai Francisco — um escravo antigo e dócil — seguravam o rapaz, e André, um dos capatazes, sangrava a mordida da cobra.

— Reze comigo, Maria Luiza! — exclamou Jandira, para a surpresa de todos.

Kuetami proferiu as palavras em sua língua natal. Uma prece aos inkices curadores e, de repente, recordou-se da imagem na capela. Ministrando outros medicamentos, Jandira lutou contra a morte de José Antônio. A febre veio violenta, mas o negro era forte, e grande era a habilidade da idosa.

— Acho que esse menino viverá — disse, por fim, Jandira. — Mas acho que ficará aleijado.

— Que não fique imprestável para trabalhar — rosnou Tião. — Caso contrário, dom Fernando irá matá-lo pessoalmente.

Não tardou que o senhor da Fazenda Santa Maria chegasse para ver o prejuízo de perto. Com ele, vinham o padre e o filho do fazendeiro, que olhou com interesse para Maria Luiza.

— Fez suas feitiçarias de novo, velha? — arengou o padre.

— É melhor para o senhor Fernando perder um escravo? — volveu Jandira, velha adversária do sacerdote.

— Chega — ordenou dom Fernando. — Essa "peça" vai viver?

— Sim — respondeu docilmente a índia. — Mas pode ficar aleijado para ir aos campos.

— Poderá trabalhar aqui? — continuou o senhor de engenho examinando a ferida do rapaz.

— Sim — retrucou Jandira. — servirá por muitos anos. Quem sabe viverá mais do que a maioria dos negros do canavial.

Ainda assim, dom Fernando não ficou satisfeito. Um escravo era caro de comprar e manter. Não comprara, na última oportunidade, a quantidade de rapazes que queria. Atrasou-se por conta de um capricho de sua esposa.

— Suas habilidades, sejam de Deus ou do Demônio, como o padre diz — exclamou o fazendeiro para escândalo de padre José —, sempre me servem bem, Jandira. Amanhã pegue para você uma saca de farinha e carne-seca.

O pagamento régio fez os olhos dos que lá estavam se voltarem contra a velha curandeira. Até os de seu filho, o único homem que sobrevivera aos anos de tormento. A velha agradeceu e beijou a mão direita do senhor do engenho.

— Mãe, me dê um pouco dessa farinha? — pediu o feitor.

— Ah, cale-se! — explodiu a velha, levantando a mão para o filho.

Tião saiu do galpão pisando duro com seu auxiliar André em seu encalço, deixando Jandira, pai Francisco e Maria Luiza com o desmaiado José Antônio.

— Você pode ir, pai Francisco — disse Jandira com suavidade.

— Ele estava comigo — disse o negro mais velho, que possuía alguns fios brancos nas têmporas, e suas costas eram arqueadas de tanto carregar peso. — Eu acho que falei muito baixo que havia o perigo de cobras. Estava tão cansado que não conseguia nem falar!

— Não se culpe — disse Jandira, que nutria notado afeto pelo escravo. — Nzambi de seu povo sabe o que faz. Amanhã te darei alguma farinha.

— Ainda assim, vou ficar — insistiu o envelhecido escravo.

Francisco pegou um banco para Jandira e outro para si, enquanto Maria Luiza limpava o suor do rosto de José Antônio.

— Você é de onde, pequenina? — indagou Francisco a Kuetami.

— Chamávamos nossa terra de Timbu — respondeu a jovem, e pareceu a ela que não só distante estava da terra natal, mas também quase esquecida na memória.

— Já ouvi falar dessa terra — disse Francisco sorrindo e estranhamente nenhum dente da frente lhe faltava. — Rei Lundu era o chefe de uma grande tribo.

Rei Lundu era o pai do pai de Kandimba, recordou-se com esforço Kuetami. Pareceu à jovem que o velho, chamado de pai pelos escravos por conta do respeito que ele silenciosamente impunha, poderia lhe contar coisas de sua terra.

— Lundu era o avô de meu pai, creio — disse Kuetami, com um sorriso. — Você era amigo dele?

— Soba Lundu me enviou para a Casa de Pedra, minha filha — disparou o velho Francisco com um sorriso triste. — Minha tribo acabou-se. Pelo visto, a raça de Soba Lundu também foi varrida da terra da África.

A menina baixou a cabeça, subitamente envergonhada. O velho escravo foi até ela e, carinhosamente, afagou seu rosto. O primeiro carinho em muito tempo.

— Você não tem culpa — disse Francisco. — Nem eu. Somos vítimas do tempo e, para vencê-lo, não devemos ter ódio no coração. Só assim a roda de sangue irá parar.

— E acontecerá o quê, velho? — perguntou Jandira, ligeiramente cética.

— Não sei — respondeu Francisco coçando a cabeleira grisalha. — Talvez o céu que os padres falam tanto. Em breve, talvez, veremos aqui os sobreviventes da mesma tribo que levou a pequena Maria Luiza à Casa de Pedra.

Uma sombra negra surgiu à porta do barracão de ferramentas. Jorge postou-se ao lado da tocha posta por Francisco e seu olhar duro pousou sobre a menina.

— Ela está de serviço — sentenciou Francisco, sabendo naquele instante o que o violento escravo viera fazer ali.

— Com você, velho? — volveu Jorge, sorrindo.

— Está ajudando Jandira e a mim — prosseguiu Francisco, caminhando até a porta. — Vá procurar uma de suas mulheres e deixe as da senzala em paz!

— Para você? — retrucou o homenzarrão.

— Minha filha que vingou está na sua casa, não está? — indagou Francisco, passando as mãos encarquilhadas no cabo de uma enxada. — Vá para ela. Lembre-se de que você é muito forte. Mas pode ter mais trabalho comigo do que imagina, e sua noite não será tão proveitosa!

— Está bem, velho! — riu Jorge. — Fique com a velha seca e a magrinha infante! Em breve, deixará esse mundo mesmo, e é bom que tenha alguma atividade que não seja cortar e carregar cana!

Jorge então se virou e desapareceu nas sombras da noite, procurando outra vítima. Francisco se virou para Kuetami, que ainda limpava o suor de José Antônio, e Jandira fitava suas ervas.

— Você irá me usar, pai Francisco? — indagou a jovem, resignada.

**40**

— Não, minha filha — disse calmamente pai Francisco. — Esses pensamentos não fazem parte de mim. Meu desejo se foi com minha esposa há muito tempo.

Os três ficaram silenciosos por algum tempo. O velho enrolou alguns fios de palha e queimou sua ponta na tocha.

— Maria — disse por fim Jandira —, meu povo vivia aqui muito antes de os brancos chegarem. Eles vieram e mataram meus pais e prenderam os sobreviventes. Igual ao que foi feito com você. Vi muita maldade na terra, e eu mesma pratiquei algumas — a idosa trocou olhares com Francisco. — Vejo em você muita força, minha criança, por isso a escolhi para me auxiliar no serviço. Se quiser, posso ensinar o que sei sobre as coisas das matas, que nem mesmo meu filho sabe.

— E eu posso te ensinar o que lembro — anunciou Francisco.

— Por quê? — indagou a menina, num fio de voz.

— Para que sua alma não se perca como a de nós dois! — respondeu Jandira.

— O padre disse que só terei alma se eu obedecer.

— Você tem alma, filha! — disse Francisco.

— Tião, meu filho, é irmão do senhor da fazenda — proferiu Jandira. — E ele não tem alma só porque é sangue kariri? E os mais claros que permeiam esse engenho, filhos e netos de dom Fernando, seus irmãos e seu pai? Até padre José teve uma bastardinha na cozinha, que foi vendida ano passado. Nenhum deles tem alma? Tupã ou Nzambi iria criar coisas sem alma? Não.

— O deus dos brancos é o mesmo dos nossos, filha — disse pai Francisco. — Só que tem outro nome.

Como os brancos são fracos para fazerem as coisas ao seu modo, culpam o Criador por tudo. Vivem com medo Dele!

José Antônio começou a gemer, saindo de seu estado letárgico. Jandira entoou uma canção, metade na sua língua e metade em português.

## Capítulo 6

No dia seguinte, dom Fernando e a comitiva saíram rumo à capital para comprar mais escravos, e padre José voltou às suas viagens pelos engenhos. O perigo de Jorge se afastara com o senhor, e André ficara no comando dos trabalhos com Leonardo, filho do fazendeiro, que deveria aprender a governar o reino de seu pai. Seriam dias mais leves, e alguns escravos ousavam cantar as canções de sua terra natal, misturadas às cantilenas religiosas que o feroz padre os obrigava a aprenderem.

José Antônio se recuperava bem, mas sua perna picada ficara morta. Pai Francisco fizera uma muleta para o jovem, que a guardara para o dia que Jandira dissesse que já poderia trabalhar. Mas o jovem amargurara-se como nunca antes. Fora vencido, humilhado e sobrevivera a uma terrível viagem para ficar aleijado, caminhando no canavial.

Pensara em suicídio. Com a anuência de André e a contragosto de Leonardo, Francisco conversou longamente com José Antônio.

— Não sou mais homem! — gritou o escravo. — Prefiro morrer!

— És tão homem quanto eu ou Nestor — retrucou o velho lembrando ao jovem de seu amigo que estava sob o sol escaldante do canavial. — Morrer agora é dar alegria para o inimigo! Viver é a melhor resposta!

— Isso não é vida, velho! — continuou o revoltado. — Já esqueceu mesmo o sabor da liberdade!

— Eu sou livre! — exclamou Francisco. — Meu coração é livre! Ninguém manda em meu espírito! Meu corpo está cheio de marcas das pancadas que levei, mas não meu coração! Eu sou um homem livre e assim serei até quando reencontrar com meus ancestrais!

Jandira e Maria testemunharam a discussão dos dois escravos, juntos com mais alguns que perambulavam por lá.

À noite, André e Leonardo chegaram com alguns capatazes e prenderam Francisco, que não demonstrou qualquer reação. Mansamente, o negro caminhou até o temível poste de madeira, coroado por pesadas correntes. O céu estava carregado de chuva. Dois escravos trouxeram José Antônio e o jogaram no chão diante do velho acorrentado.

— Disseram que você é livre, velho! — rugiu o jovem Leonardo segurando o chicote. — Você confirma isso?

Pai Francisco apenas fitou o rapaz. Jandira endureceu o olhar e impediu que Maria fitasse o chão.

— Não se mata o espírito — balbuciou a velha na língua dos kariris, que ensinara secretamente a Maria.

O chicote rasgou a carne de Francisco com um único movimento. O negro suspirou e olhou para o céu. Leonardo gargalhou, enquanto André parecia contrariado.

Novamente, o chicote feriu o velho, fazendo seus joelhos fraquejarem. José Antônio gritava desesperado, sem conseguir levantar-se.

— Eu sou seu dono, velho — rosnou o filho do fazendeiro. — Seu espírito não é livre, porque ele não existe!

Mais cinco vezes o chicote estalou nas costas de Francisco. Ao longe, se ouviam trovões. Na sexta chibatada, as pernas de Francisco cederam, e ele ficou pendurado pelos braços.

— Zazi! — gritou o velho escravo, e um trovão poderoso fez todos se encolherem.

A chuva caiu farta, e a ira gratuita de Leonardo cedeu. O jovem ordenou a Jandira que cuidasse do velho. André libertou o escravo do grilhão, enquanto Filomena e Jandira arrastavam Francisco para a senzala. Maria Luiza tentava ajudar José Antônio, que era pesado demais para ela.

— Nossa Senhora! — disse a menina. — Me ajude, por favor! Dandalunda!

De alguma forma, para espanto dela própria e de José Antônio, Maria Luiza conseguiu realizar seu feito e ajudou o jovem a voltar para a senzala. Lá chegando, encontraram Jandira passando unguentos nas feridas de Francisco. Alguns escravos estavam ao redor deles, solidários, pois amavam o mais velho dentre eles, mas havia aqueles que, por medo, não se aproximavam.

— Velho tolo! — balbuciava Jandira, demonstrando nervosismo pela primeira vez em muitos anos.

Maria Luiza se aproximou para ajudar, mas nada podia fazer. Com tiras de pano sujo, a índia colocava os emplastros nas costas magras do negro e as tampava

**45**

com os panos. Do lado de fora, a chuva castigava o mundo. Goteiras empapavam as palhas, que mofariam em horas.

— Eu sou um homem livre! — gritou pai Francisco quando recuperou os sentidos, para júbilo dos escravos.

## Capítulo 7

Os dias passaram ligeiros. Pai Francisco se recuperou rápido, e José Antônio aprendeu a lição de liberdade de que ele precisava. Por ser coxo, o rapaz passara ao serviço de debulha de milho, a ajudar na horta e na manutenção das ferramentas de serviço. E nele surgiu o amor a Maria Luiza.

Dom Fernando, ao regressar, com muitos escravos dessa vez, ficou irado ao saber da surra desnecessária que o filho mais velho aplicara no idoso e tranquilo Francisco.

— Francisco conhece bem o trabalho, idiota! — ralhou o senhor de engenho com Leonardo. — Não me importam quais as filosofias dele! É ele quem treina melhor os novos escravos, coisa que Jorge não é capaz de fazer!

Realmente, Francisco era um profundo conhecedor da cana-de-açúcar. Parecia que o negro nascera dentro do canavial e, desde os primeiros dias na Fazenda Santa Maria, sua aptidão para o trato da cultura era assombroso. Sem falar na docilidade e inteligência do negro em resolver questões imediatas. A essas qualidades somava-se a resistência que Francisco tinha em atravessar os pesados anos de labuta impiedosa, que ceifava vidas em parcos anos, envelhecendo prematuramente o escravo, sem falar nos corriqueiros acidentes. Para dom Fernando, havia dois escravos indispensáveis: o inteligente Francisco e o forte Jorge.

    A essa altura, Jorge estava interessado em outras jovens escravas e parecia ter deixado Maria Luiza de lado, que dividia seus afazeres com Jandira e no cuidado com as crianças que nasciam na senzala. Maria da Penha deu à luz um menino, que foi chamado de Miguel, pois, segundo Francisco, e confirmado por padre José, a criança chegara ao mundo no dia do poderoso arcanjo, cuja marca era a lealdade ao Senhor e seu desejo de servir.

    Os meses correram velozes, e a lida na Fazenda Santa Maria era interminável. Animais morriam e nasciam nos currais. Escravos morriam e eram comprados, fora os que nasciam nas senzalas e nas casas dos empregados libertos que, na prática, eram tão escravos quanto os que moravam nos barracões.

    À noite, continuavam os ataques às mulheres, e o padre continuava a chamar Maria Luiza, mesmo com Rute, a esposa de Tião, já tendo regressado ao trabalho de limpar a capela. Estranhamente, padre José passara a ter um sentimento de amizade para com a dócil escrava, que fazia perguntas interessantes sobre os santos e a Bíblia.

Os anos passaram, e fazia quatro anos que Maria Luiza vivia na fazenda. Contava agora com catorze anos e sua beleza era imensa. Por orientação de Jandira, deixava os cabelos feios e andava curvada para não evidenciar os seios que se desenvolveram.

— Se antes era procurada, agora poderia até mesmo causar uma tragédia — dizia a velha.

José Antônio, mais de uma vez, pedira Maria Luiza em casamento, mas ela o queria apenas como amigo e parente. O rapaz chegou a pedir consentimento ao senhor, através de Tião, que rira largamente daquilo, e o feitor deu-lhes umas chibatadas a mando do senhor. O próprio feitor arrastou duas vezes a escrava para a mata e encontrava-se enamorado por ela. Rute, ao descobrir que todos cobiçavam a auxiliar de Jandira, sobretudo seu marido, jurou matar a jovem rival.

— Seja minha mulher e será livre — disse o feitor a Maria Luiza, certo dia.

— Sou escrava de dom Fernando e não sua — replicou a moça, levantando-se ligeira, sem perceber os arranhões que recebera do bruto mestiço.

Jorge, por sua vez, ganhava mais terreno junto ao senhor, enquanto Francisco sentia o peso dos anos a dobrar-lhe ainda mais as costas. O cruel escravo nem de longe possuía a sabedoria do mais antigo, mas distribuía as escravas entre os negros como se fossem suas, e logo a liderança cândida de Francisco foi substituída pela selvageria de Jorge.

Jandira, preocupada com os acontecimentos, pensava no que fazer. Via de antemão que Maria Luiza seria a causa de alguma desgraça.

— Sinto que Maria vai provocar uma tragédia — disse Jandira a Francisco. — Não sei o que fazer.

— Não viverei mais muito tempo — disse Francisco. — Jorge ainda vai pisar em meus ossos frescos e vai arrancar Maria Luiza de onde ela estiver. Tião vai fazer uma besteira também. Ele tem pegado nossa menina.

— Em breve, os filhos do senhor, se não o próprio senhor, irão desejá-la também — balbuciou a índia.

— Dizem que eu estou aqui há mais de trinta anos — disse Francisco, por fim. — E eu nunca vi uma tempestade tão feia chegar assim. E você, que já não era jovem quando eu cheguei, concorda comigo?

— Pois sim — retrucou a outra. — Eu já fui muito bela e disputada. Sei como é ser um joguete nas mãos dos homens. Meus filhos morreram todos, exceto o pior deles. Quando dom Fernando me libertou, depois de ter lhe salvado a vida, para onde ir? Só me resta ir para junto de nossos ancestrais — a índia fitou o céu por alguns momentos. — Será que não é melhor para Maria Luiza encerrar seus dias?

O velho não ousou responder. Intimamente, seu coração clamava por Zazi, o sábio senhor do trovão que o salvara inúmeras vezes. Chamando seu protetor de São João Batista perante o padre, muitas vezes, o negro obteve resposta para suas angústias.

Alheia à discussão dos dois protetores, Maria Luiza caminhava silenciosamente pela beira do rio. A jovem carregava uma grande trouxa de roupas da casa-grande e seus pensamentos iam longe, voltados para o uso das ervas que Jandira lhe ensinara.

— Ei! — exclamou uma vigorosa voz, que fez a escrava estancar os passos.

Um alto cavalo escuro surgiu diante de Maria Luiza, e o cavaleiro era Leonardo, que tinha passado os últimos anos em terras longínquas. O moço regressara havia alguns dias ao lar natal e costumava passear pelos campos, longe dos vastos canaviais.

— Qual o seu nome, escrava? — indagou Leonardo, fitando, encantado, a beleza esguia da jovem.

— Maria Luiza — disse Kuetami, sentindo um súbito tremor.

— Belo nome — gracejou o filho de dom Fernando. — Soa bem e combina com você. Onde pretende ir com essa trouxa?

— Pôr para secar, sinhozinho — respondeu a jovem sem erguer o olhar.

— Antes, irá servir ao seu patrão — falou calmamente Leonardo, desmontando rapidamente do cavalo.

Tamanha foi a impetuosidade com que Leonardo saltara da cela que o pobre animal, ainda não acostumado com seu cavaleiro, assustou-se e recuou. O filho do senhor da Fazenda de Santa Maria escorregou e caiu, torcendo o pé esquerdo. Com um grito de dor, o rapaz bateu fortemente no chão, chegando a rolar para o lado, passando por um monte de fezes frescas que alguma vaca deixara por ali.

— Quebrei meu pé! — gritou Leonardo, com a voz esganiçada.

— Não — respondeu calmamente Maria Luiza, que pusera o fardo sobre uma pedra e fora acudir o amo. — Parece que foi uma torção, mas bem severa.

Leonardo esbofeteou a jovem com força. Em sua ira, o filho de dom Fernando agarrava o capim no chão sem perceber que fezes cobriam seu rosto transtornado.

Em silêncio, Maria Luiza esperou que João e André, capatazes do engenho, ouvissem os gritos do patrãozinho e viessem em seu encalço. Ao encontrarem a escrava junto a Leonardo, pensaram que ela o ferira.

— O que aconteceu? — gritou André, mais moderado do que Tião e João, pois era filho de mestiços libertos, e não raro fitava a cor de suas mãos para lembrar-se de sua origem.

— O sinhozinho tropeçou ao saltar do cavalo — respondeu secamente Maria Luiza.

— Fale comigo, seu animal! — gritou Leonardo, esbofeteando o capataz.

Os dois homens levantaram o jovem furioso e tomaram o caminho para a casa-grande. O animal fora amarrado a um arbusto e depois seria recolhido. Maria Luiza voltou-se para sua grande trouxa e um arrepio percorreu sua espinha.

— Negrinha — disse Leonardo —, você vem comigo!

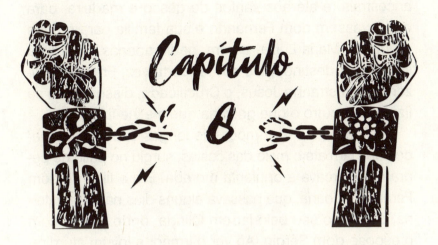

# Capítulo 8

Com o coração descompassado, Maria Luiza seguiu os três homens. Jamais fora à casa-grande, embora trabalhasse lavando a roupa dos amos. Era Maria Ana ou Maria Antônia quem trazia os fardos até o galpão, onde os escravos domésticos guardavam alguns utensílios dos senhores.

O céu escurecera, prenunciando chuva. Maria Luiza recordou-se do suplício de Francisco anos antes, quando trovões ecoaram em auxílio ao velho escravo. A moça, em silenciosa prece à Nossa Senhora, sentiu o cheiro do mar invadir suas narinas. Mais confiante, a protegida de Jandira ousou erguer seus olhos e se viu cruzando os galpões próximos à casa de dom Fernando.

A casa-grande era uma construção belíssima, erguida sobre rochas trazidas de longe por antigos escravos. A morada de dom Fernando, que se assomava altiva por muitas terras, fora construída por seu avô havia muitos anos, quando chegara ali vindo de Portugal, para representar o rei naquela terra selvagem. Não passava um único dia em que os escravos não fizessem preces a seus ancestrais, e até aos santos de gesso e madeira, para que levassem dom Fernando e sua família para o reino da morte. Maria Luiza, porém, pedia apenas força para seguir seu destino, pois ouvira, certa vez, Francisco dizer que o estranho Jesus, o Crucificado, disse que só se fizesse ao outro o que gostaria que ele lhe fizesse.

Uma bela e alva moça, de longos cabelos cacheados que iam até o meio das costas, surgiu no pátio de pedra que cercava a opulenta morada. Era a filha de dom Fernando, Joana, que passava alguns dias na casa paterna, deixando seu belo lar em Olinda, onde residia com o esposo dom Sérgio. Ao ver o irmão, a jovem aturdira-se, levando alvoroço a todos na casa. Logo vieram os escravos domésticos e também dom Fernando e dona Mariana, que gritava ainda mais do que a filha. Com um olhar duro, o senhor de engenho silenciou as duas.

— Caiu do cavalo — balbuciou André, ante o mutismo de Leonardo, que temia o pai assim como a mãe e a irmã.

— Infeliz — rosnou o pai. — Um susto deste porque nem montar sabe! Onde eu errei? Onde está Manoel, meu dileto filho? Ele não cometeria uma idiotice dessas!

Manoel, o primeiro filho de Fernando e Mariana, morrera anos antes junto com a esposa e o filho, numa emboscada feita por quilombolas, quando viajavam para terras mais ao sul, conforme Jandira dissera a Maria Luiza e a Penha certa vez. Grande foi a ira de dom Fernando, que reuniu muitos homens e guerreiros portando espadas e partiu no encalço dos quilombolas, que eram negros fugidos e que tinham erguido verdadeiras cidadelas em áreas remotas. Pelo que as jovens negras souberam da velha índia, a guerra que o senhor de engenho travara contra os quilombolas, auxiliado por seu irmão, o major Coutinho, chefe de muitos soldados do El-rei, foi sangrenta. Os negros apresentaram grande resistência e ferocidade. Mas o quilombo acabou arrasado, e quase todos foram mortos: homens, mulheres e crianças.

Aquele era o homem que agora estava diante de Maria Luiza. Um gigante cruel diante do aparvalhado filho, que se encolhia no amparo dos dois mestiços. Com um gesto, dom Fernando dispensou os escravos para retornarem a seus afazeres, enquanto as mulheres corriam para arrumar o quarto do rapaz. Filomena, silenciosa, se aproximou para pegar de Maria Luiza a trouxa de roupa. A jovem lavadeira sentia-se aliviada, pois passara despercebida de todos ali.

— Negrinha — disse dom Fernando —, você é a lavadeira que ajuda a Jandira?

Maria Luiza baixou os olhos e meneou a cabeça em concordância. Podia sentir a respiração pausada do senhor do engenho perto dela.

— Levante o rosto, negrinha — ordenou dom Fernando.

— Quer que ela vá chamar Jandira, amo? — indagou Filomena.

— Vá você chamar Jandira — respondeu o português. — E vá depressa! — os olhos frios do senhor acompanharam a velha escrava por alguns instantes e depois se fixaram na jovem: — Você estava com meu filho?

— Sim.

— Você o feriu?

— Não. Ele caiu do cavalo.

— Ele estava afoito — sorriu dom Fernando. — É mesmo um imbecil. Você está aqui há quanto tempo?

55

— Jandira diz que faz quatro anos.

— Essa velha foi muito habilidosa em esconder você da minha vista — dom Fernando parecia divertido. — É você quem faz companhia ao padre?

— Padre José me ensina sobre as coisas de Deus.

— Tenho certeza de que sim — o olhar lupino do fazendeiro era cruel.

Dom Fernando virou as costas, indicando a Maria Luiza que deixasse o fardo no galpão. Chegando lá, Jandira passou rapidamente com Filomena. A índia fitou a jovem escrava e seguiu apressada para a casa-grande. A velha negra, ofegante, apoiou-se na comprida mesa. Seu rosto cheio estava encharcado de suor.

— Jandira já está vindo — resfolegou a cozinheira.

— Ainda bem!

— Tudo isso porque o sinhozinho torceu o pé? — indagou Maria Luiza sem entender a razão de tanto estardalhaço.

— Nós podemos morrer de fome, de pancada, picada de cobra ou de tanto trabalhar — disse Filomena com resignação — mas não o filho do senhor, que nada faz além de dormir, comer, defecar e perseguir escravas!

No dia seguinte, Maria Antônia chegou até a senzala onde dormiam as escravas que iam até os canaviais e cuidavam das roupas e da horta. A pequena escrava era magra, trêmula e uma grande cicatriz devastara seu rosto, outrora harmonioso, em decorrência da panela de água fervendo que dona Mariana jogara nela. Por longo tempo, Jandira e Maria Luiza trataram do ferimento da jovem, e ninguém precisou perguntar o porquê de a senhora ter feito aquilo. Quando, porém, a barriga da negra começou a crescer, Tião veio e a surrou violentamente. Quase morta, Maria Antônia pediu a Jandira para deixá-la morrer. Mas a índia, por ordem do senhor, tratou do corpo destroçado da escrava. Desde então, a pobre tornou-se muda, sem participar do convívio dos escravos que, com o tempo, deixaram-na de lado. Somente pai Francisco se aproximava dela.

Maria Antônia sentou-se ao lado de Maria Luiza. Seu olhar estava pousado no teto de madeira e sapê.

— Quitéria está velha — disse Antônia, com alguma dificuldade na articulação de palavras — logo precisarão de outra escrava para a casa-grande.

E, sem mais palavras, levantou-se e tomou o caminho do canavial junto com os demais escravos, formando uma fila silenciosa. Era o início de mais um escaldante dia de labuta naquele canto do mundo.

Maria Luiza, também em silêncio, levantou-se e foi para a lida que lhe competia.

# Capítulo 4

Não demorou a que um moleque chamado Tomás, um dos muitos filhos de Jorge, viesse chamar Maria Luiza para o fundo da casa-grande. Ele sempre andava com o pequenino Miguel agarrado em seus joelhos. As crianças, risonhas, já sabiam muito da dureza da vida, mas os escravos faziam de tudo para deixar algum colorido na existência dos muitos pequenos que corriam por todos os lados.

Maria Luiza fitou o céu, enquanto os meninos corriam descalços pelos caminhos estreitos da fazenda. A jovem caminhou depressa para o local designado. Quitéria estava no barracão e seu semblante estava mais carregado do que o de costume. Ela não era risonha como Filomena, mas igualmente sábia, e não era raro a velha negra desviar alguma farinha para os escravos adoecidos, ou ainda enviar tripas para os negros colocarem nos caldos que faziam à revelia do senhor de engenho. Na juventude, Quitéria e Filomena haviam aprendido com Jandira, e suas vidas, assim como a de Francisco, eram marcadas pela violência e pela resignação.

— Dom Fernando quer mais uma escrava na casa-grande — disparou a negra, que não tinha uma orelha nem o dedo anelar de cada mão, fruto dos castigos que sofrera. — Dom Leonardo vai se casar, e logo a casa vai estar cheia de gente — o olhar da escrava fixou em Maria Luiza. — Você irá servir na casa-grande.

— Deixarei de lavar roupa? — indagou a jovem.

— Ajudará na limpeza da casa e na cozinha — retrucou a outra. — Muitas vezes, trabalhará aqui no barracão. É importante que você saiba que a rigidez aqui é muito maior. Dona Mariana...

Maria Luiza sabia sobre dona Mariana e sua fúria contra as jovens escravas. Costumava açoitá-las pessoalmente, bem como espezinhar o trabalho delas. A crueldade da mulher era por conta do marido e do filho se deitarem com as escravas domésticas e, quando ela descobria que algum bastardo estava para nascer, ordenava a morte da criança. A pobre Maria Antônia fora a mais recente vítima de dona Mariana.

A perspectiva de Maria Luiza não era das melhores. Sabia ser mais bela do que a silenciosa negrinha e, fatalmente, seria acuada pelos portugueses. Seu temor com relação à patroa causou-lhe ânsia de vômito.

— Comerá melhor — disse mecanicamente Quitéria, pegando algumas panelas grandes — e dormirá em um quarto fresco, comigo e Lourdes — novamente o rosto largo e marcado da mulher se voltou para a moça assustada. — Menos quando pedirem para você dormir no quartinho do barracão.

— Quando eu começo? — perguntou Maria Luiza.

— Amanhã — respondeu calmamente a anciã.

Sentada num banquinho, Maria Luiza observou a grande peça de toucinho que estava pendurada junto com várias linguiças defumadas. Sentia-se um mero objeto. Um pedaço de brinquedo que era arremessado por mãos brutas para todos os lados.

Sem perceber, tomou o curto caminho para a capela. Sabia onde estava a chave sobressalente, usada por Rute, e abriu a porta. As janelas mantinham uma luz tremeluzente e tênue no local e um facho incidia diretamente sobre o altar, mas os olhos da escrava divisavam tão somente a imagem da Virgem Maria.

Ajoelhando-se, Maria Luiza sentia em seu coração o grande perigo que a rondava. Não conseguia formular palavras para a prece. Subitamente envergonhada, baixou os olhos luzidios para o piso de tábuas.

— Filha... — disse uma voz imensuravelmente doce.

Maria Luiza ergueu os olhos. Diante dela estava uma alta mulher de cor indefinível, sob um manto opalino com a borda prateada como as estrelas. O rosto daquela mulher não apresentava traços raciais, embora parecesse africana em alguns momentos, branca, em outros, ou mesmo mestiça. Em silêncio absoluto, a escrava contemplou a cândida beleza da mulher que estava diante de si. E, num momento, a filha do rei Kandimba teria gritado "deusa", mas algo impediu sua voz.

— Tenho muitos rostos e nomes, filha — disse a entidade. — Estou em todos os lugares, nos reinos dos brancos, dos negros ou ainda de povos que você nunca viu ou verá em incontáveis anos. Minha tarefa é servir ao Criador, e, servindo, amo a todos os filhos de Deus! Filha minha! Eis me aqui para acalentar sua dor, mas não posso apagá-la!

— Mãe! — balbuciou Maria Luiza às lágrimas. — Acuda-me! Leve minha vida!

— Não posso tirar sua vida, filha minha — respondeu docemente a entidade. — Você já aprendeu que todo sofrimento é válido para nos aproximar de Deus! Veja, enfrente os dissabores da vida dura que leva com paciência, filha. Persevere nos seus passos e vencerá todos os seus algozes. Tenha fé de que nunca estará desamparada e perdoe aqueles infelizes, tal como Jesus perdoou na cruz aqueles que lá o puseram. Perdoe!

— Como perdoar? — insistiu a jovem, ainda prostrada.

— Sua tribo não agiu igual aos senhores do engenho? — indagou a entidade. — Sua tribo não possuía escravos e fazia guerra? O que vê, filha, é a lei em ação. Quem erra paga!

— E por que eu sofro se era apenas uma criança? — volveu Maria Luiza.

— Seu povo clama pelos ancestrais — prosseguiu a mulher luminosa. — Acredita na Terra Verde e no renascimento do espírito! Como ousa dizer que não tem nada a ver com as guerras dos seus pais? Um dia, dom Fernando e todos que fazem o mal, privilegiados pela força, hão de padecer sob o chicote. Não queira o tormento para eles, filha, pois assim estará só aumentando sua própria dor. Por isso, aprenda a perdoar!

— Não me deixe! — exclamou a moça tentando se levantar para agarrar no manto etéreo da mulher.

— Sempre estou contigo — disse a mulher sorrindo majestosamente. — Já estava presente nos dias mansos na tribo de seu pai. Na ruína, minhas lágrimas se juntaram às suas; no barco, abracei-a como se faz a um filho, embora sua pele não sentisse meu toque. Eu estou sempre contigo — a entidade caminhou até próximo de Maria Luiza e tomou as mãos da escrava. — O amor cura tudo. Use o amor para curar seu irmão de infortúnio e curará a si mesma!

— Qual o seu nome? — perguntou Maria Luiza. — Deusa?

— Pode me chamar de Maria, filha — respondeu a entidade quase desaparecendo. — Também sou chamada de Janaína pelos índios. Sou Dandalunda, para seu povo. Para outro povo negro, que irá chegar a esta terra, terei novos nomes.

Com o cheiro do rio, que havia perto de sua velha tribo, em suas narinas, Maria Luiza sorriu. Sentia-se forte, e jamais a capela parecia tão bela e iluminada. Feliz como nunca, Kuetami saiu para enfrentar o mundo além da capela.

# Capítulo 10

Maria Luiza entendia a razão do início de seu trabalho ser adiado para o dia seguinte. Haveria naquela noite uma festa em homenagem a Santo Antônio. Padre José realizaria uma missa para os negros atrás da casa-grande, no pátio. O dia morria, e as negras, animadas, traziam suas crianças, e logo os homens viriam também. Tião e os capatazes, armados, ficariam entre os escravos e a residência do senhor de engenho. O próprio dom Fernando e dona Mariana costumavam assistir às missas para os negros com tamanho enfado que eram notórios os bocejos do fazendeiro.

Mas era ao fim do dia de serviço e nas festas que padre José organizava sob a anuência de dom Fernando e a vigilância de Tião que pai Francisco era rodeado pelas crianças, que ouviam do velho as histórias de seu povo. O escravo envelhecido narrava histórias sobre alguns ancestrais de sua tribo perdida e também as que ouvira dos negros que tinha conhecido ao longo de sua vida. Para tranquilizar os senhores, o ancião, às vezes, dava nomes católicos aos ancestrais, de acordo com as características similares. Nessas horas, a voz gutural de Francisco se elevava ao céu em seu dialeto natal, e Tião fingia que não se importava com a louvação aos ancestrais que os negros faziam. O feitor informava ao senhor que os escravos falavam ao Deus dos brancos de acordo com seus primitivos costumes, numa tentativa vã de obterem alma.

Dom Fernando fingia, diante do padre, acreditar nisso. Na verdade, o senhor de engenho não se importava para qual deus os negros rezavam. Só não queria que eles se vissem como uma tribo, por isso preferia Jorge para se contrapor a Francisco.

O ancião contava as lendas de seu povo. Com lágrimas nos olhos, falava da Terra Verde, que os brancos chamavam de Paraíso. O banzo, que Maria Luiza identificava por nostalgia, tomava a todos. Francisco então contou como o Inkice Kabila havia roubado a lua para entreter seu amor, e, sob os olhares atentos das crianças, o velho descreveu como o grande caçador restituíra o astro para evitar a fúria de Nzambi, o Criador.

Tia Filomena entoou uma cantilena que, começando em português, terminou em um dialeto que os escravos podiam compreender, e até mesmo Jorge fitou o céu com um sorriso de saudade da velha África.

Naquela altura, os capatazes já sabiam que os escravos tinham se esquecido de Santo Antônio, e isso pouco lhes importava. O padre José havia muito se retirara e estava em seu confortável aposento na casa-grande. Em volta da fogueira, pai Francisco e tia Filomena lideravam uma dança que era um tributo aos seus ancestrais. José Antônio, encostado em sua muleta, sorria para Maria Luiza, que fingia não ver o escravo que a amava.

Francisco e Filomena ergueram o punhado de farinha e milho que traziam nas mãos, e havia lágrimas no rosto dos dois. Todos os escravos e até mesmo alguns capatazes repetiram o gesto. Com o semblante modificado, pai Francisco ficou com a coluna ereta. Seu semblante tornou-se ainda mais venerável, enquanto Filomena era tomada pela mesma majestade. Os ancestrais, todos sabiam, estavam em terra. De joelhos, os escravos, com Jandira entre eles, mantinham seus parcos mantimentos nas mãos magras. As nobres entidades incorporadas nos velhos escravos abençoaram sem palavras àqueles que lá estavam. Todos podiam sentir a vibração daquele ato. E, do mesmo jeito que vieram, os ancestrais se foram, deixando o coração dos escravos mais leves de seus infortúnios.

— Nosso Ingorossi está terminado — disse Francisco, com sua voz branda, depois de algum tempo. — O galo em breve cantará, e a lida vai nos convocar ao serviço. Nossos pais não nos abandonaram. Eles não carregam pedras por nós, pois esse não é o papel deles, mas eles nos ajudam a carregar nossas pedras para alcançarmos a Terra Verde! Que Nzambi nos abençoe!

Os escravos tomaram o caminho de suas acomodações, e Filomena e as escravas da casa-grande seguiram para seus pobres aposentos. Não tardou, porém, que a anciã percebesse que estavam sendo observadas. Jorge, com um grande porrete, surgiu da escuridão e seus olhos brilhavam uma luz maligna.

— Maria Luiza, venha comigo — sussurrou o escravo mais forte de Santa Maria.

— Não, Jorge — volveu Filomena pondo-se à frente da moça. — Vá dormir! Tião não deve estar longe. Vou gritar, se você não for embora.

— Acorde dom Fernando, e nossa festa acabará — disse Jorge com firmeza. — Há muito esperei para ter essa negra. Hoje colherei Maria Luiza.

— Não! — exclamou José Antônio, mancando com a ajuda de sua muleta.

A visão de José Antônio fez Jorge rir, enquanto as mulheres se encolhiam.

— Hoje eu te mato, aleijado! — disse Jorge erguendo seu porrete. — E, enquanto agoniza, estarei tomando minha presa!

— Jorge, chega — disse Tião, ladeado por André e Jandira, que pressentira o perigo e alertara o filho. — Dou-te um tiro.

O feitor apontou sua velha pistola na direção do escravo, que sorriu. Jorge, por sua vez, não baixou sua arma. Sabia que era valioso e seu reconhecimento pelo dono o deixara arrogante.

— Está ficando velho, Tião? — indagou Jorge, mostrando seus alvíssimos dentes.

— Vá dormir, já mandei — insistiu o feitor.

— Hoje você fez um inimigo, feitor – retorquiu Jorge. — Um inimigo forte. Para mim, não se encaixa a pecha de escravo como acontece aos outros. Terei seu lugar, sua mulher e todas da fazenda.

O violento negro virou-se e desapareceu na madrugada fria, deixando a todos atônitos.

— Esse infeliz é incapaz de respeitar uma festa sagrada — disse Filomena, limpando o suor do rosto. — Ainda bem que chegaram.

— Senti que havia perigo — disse Jandira. — Agora, podemos dormir em paz.

— Eu sempre irei protegê-la, Maria Luiza — disse José Antônio cambaleando até ela.

— Eu sei, meu amigo — disse a jovem sorrindo —, mas não quero que morra. Prometa para mim que vai se cuidar. Jorge não pode nada contra Tião, mas contra você...

— Eu sou aleijado — objetou o outro —, mas não incapaz. Fui guerreiro!

— Chega de sandice — rosnou Tião, ainda com a pistola na mão. — Vá dormir, Zé Antônio! E cuidado pelos caminhos! Tem muita foice para você encabar daqui a pouco! Suma daqui!

O escravo fitou uma última vez Maria Luiza e se retirou, ruidosamente. Em silêncio, os outros tomaram cada qual seu caminho. Uma coruja piou ao longe, e a velha Filomena fez o sinal da cruz.

## Capítulo 11

Depois daquele episódio, José Antônio passou a evitar Jorge, que olhava o escravo aleijado de soslaio. Até mesmo Tião não deixava sua pistola longe de suas mãos, e seu cão de fila estava mais junto do que nunca. De alguma forma, todos os escravos souberam o que acontecera na madrugada da festa de Santo Antônio.

Ventava naquela semana seguinte à festa de Santo Antônio. Dona Mariana e seus filhos, assim como o padre José, tinham ido a Olinda para acompanharem alguns festejos. Dom Fernando permanecera encerrado em seu gabinete com um elegante amigo chamado dom Lourenço de Alcântara. As escravas serviram um lauto almoço aos dois senhores, e a velha Quitéria orientou Maria Luiza a que não saísse da cozinha. As duas velhas escravas pressentiam grande perigo.

À noite, porém, quando estavam prestes a se recolher, dom Fernando mandou chamar Maria Luiza. Ao receber a convocação de Quitéria, a moça cerrou os olhos. Sabia que aquele momento chegaria. Evocando sua protetora em silêncio, a escrava, outrora princesa, se apresentou ao senhor no leito dele.

Quando dona Mariana e sua comitiva regressaram, encontraram o senhor percorrendo seu vasto canavial. O reencontro entre eles foi frio. A senhora estava insatisfeita, pois o marido não foi encontrá-la na capital conforme combinara. Contrariado por ser confrontado pela esposa, dom Fernando virou seu cavalo diante de muitos escravos e retornou aos campos.

Quando dona Mariana regressou à casa-grande, foi direto para a cozinha. Lá, encontrou Filomena e Maria Luiza cortando carne para a próxima refeição. O semblante altivo da senhora fez as escravas pararem o trabalho e fitarem a mesa de madeira escura.

— O que se passou em minha casa? — indagou dona Mariana, mordaz.

— Dom Fernando e dom Lourenço trabalharam, sinhá — disse Quitéria mancando desde o fogão à lenha até diante da senhora da fazenda. — Nós fizemos o de sempre.

— O de sempre, escrava! — exclamou dona Mariana com pérfido olhar. — Então, todas vocês se deitaram com meu marido?

Ligeira, a mão da esposa de dom Fernando esbofeteou Quitéria, que cambaleou para trás. Maria Luiza, ágil, saltou para evitar que a companheira mais idosa se ferisse no chão.

— Você, Maria Luiza — disse a senhora —, deve ter dormido na minha cama! Sua imunda! A escrava fingindo ser sinhá!

69

Dona Mariana olhou a faca deixada por Maria Luiza sobre a mesa. Filomena não se mexia de tanto terror que sentia. Veloz, a patroa tomou a faca e pôs sua lâmina no pescoço da jovem negra.

— Enquanto meu esposo chafurdava contigo, a sociedade de Olinda me via sem marido! — gritou a sinhá, histérica.

Uma mão forte puxou o braço da senhora, enquanto Maria Luiza era jogada para trás. Leonardo segurava a mãe com força. Segundos depois, dom Fernando e Tião chegaram, e o senhor da fazenda estapeou a própria mulher, fazendo-a cair no chão. Agarrando a esposa pelos cabelos, dom Fernando levou-a para o quarto, sendo seguido por Leonardo. Tião, por sua vez, permaneceu na cozinha com as mulheres. Não precisava ordenar que o ocorrido não fosse comentado.

Por longos minutos, dom Fernando espancou a esposa, enquanto Leonardo bebia sofregamente a aguardente que os escravos faziam no alambique. Não seria a primeira vez que aquilo acontecia, e a fúria da desprezada esposa de dom Fernando ficaria ainda mais forte.

— Você está tomando as mezinhas que Jandira lhe deu? — perguntou Quitéria a Maria Luiza, enquanto todos ouviam os gritos da patroa.

Com uma muda concordância, a jovem assentiu. As mulheres regressaram às panelas, enquanto Tião permaneceu silencioso junto à porta que dava para o vasto terreiro que havia nos fundos da casa-grande. O feitor havia envelhecido bastante naqueles anos em que Maria Luiza estava na fazenda. A jovem, por alguns curtos momentos, observou o semblante desgastado do cruel homem e percebeu que, por baixo da longa e suja barba falhada, aquele homem de pele parda e marcada era muito parecido com o poderoso dom Fernando, até mesmo na estatura e no modo de caminhar. "Somente a vontade de Deus dera destinos tão diferentes a aqueles dois homens cruéis", pensou a escrava.

A mesa do almoço foi posta, e dom Fernando, seus filhos e dom Lourenço comeram ruidosamente. Dona Mariana recebeu de Filomena o alimento em seu quarto. Em pouco tempo, não parecia que uma tempestade havia se abatido sobre a casa-grande da Fazenda Santa Maria.

Enquanto serviam aos senhores, as escravas ouviram que o jovem Leonardo iria se casar com a filha de dom Lourenço, uma jovem chamada Cecília.

Dom Fernando, sempre carrancudo, sorriu após o rico almoço e, fumando um cigarro de palha com o hóspede e o filho, se retirou para a varanda, enquanto Joana se dirigiu para o quarto, e as escravas cuidavam da louça e das sobras da refeição.

Esfaimado, Tião comeu da comida dos senhores e saiu apressado, sem despedir-se. O feitor se demorara demais ali e tinha que alcançar o canavial o quanto antes.

— Hoje, você terá paz — disse Quitéria, finalmente, a Maria Luiza. — Durma tranquila.

— Apenas na morte teremos alguma tranquilidade — retrucou a escrava. — Apenas na morte!

— Não diga isso, filha — volveu a mais velha das escravas, sendo ladeada por Filomena. — Muitas vezes, uma alma não encontra descanso na morte.

Maria Luiza fitou as duas mulheres mais velhas e profundamente marcadas. Não compreendeu as palavras de Quitéria e voltou a lavar os pratos.

# Capítulo 12

Dom Lourenço, com seus três mestiços que serviam de escolta, partiu de Santa Maria. O fazendeiro, no dia seguinte, despachou Leonardo para a capital para que ele aprendesse os negócios com os comerciantes locais. O filho ficaria sob a tutela de um antigo sócio, dom Luís de Linhares.

Naquela época do ano, grandes áreas de cana-de-açúcar eram cortadas para os engenhos e o trabalho era exaustivo. Tião e seus companheiros exigiam o máximo dos escravos, e pai Francisco, muitas vezes, intervinha a favor dos negros para receberem um pouco de água, que as crianças não cessavam de buscar. Acidentes aconteciam a todo instante, como sempre, e a velha Jandira agia com suas ervas, sendo auxiliada por Maria Antônia e Maria da Penha. Mas a índia sentia a falta de Maria Luiza, pois, nas orações, a jovem negra mostrava grande conexão com os espíritos que ajudavam a anciã a alentar as dores dos escravos.

Padre José, em algumas ocasiões, estava com Jandira discordando abertamente dos métodos da silvícola, mas, por ordem de dom Fernando, nada fazia contra a mulher. O sacerdote, vez ou outra, ministrava a extrema-unção, rogando a Deus que aceitasse a alma infeliz do escravo que morria em Seu Nome.

— Maria Luiza faz falta nesse serviço — disse padre José, para espanto de Jandira. — Irei falar com dom Fernando para liberá-la da cozinha.

— Faça isso, padre — retrucou a velha, — e as mortes irão acabar, tenho certeza.

— Decerto — anuiu o sacerdote alisando a calva cheia de suor. — A fé de Maria Luiza é muito grande. Se ela fosse branca, seria candidata à santa!

A índia fitou o rosto anguloso do maligno padre. Pensou em como ele, quando mais jovem, gerara tantos bastardos quanto havia de estrelas no céu e que nunca deixara a mesa e a cama que a Fazenda Santa Maria lhe oferecia. Na velhice, é verdade, José abrandara sua disposição com relação às escravas, mas continuava a negociar com Deus, o que aos olhos de Jandira era absurdo.

— É, padre, Maria Luiza seria santa — disse a índia — se fosse branca.

Sorrindo, padre José saiu para falar com o senhor. Naquela semana, dois escravos fortes haviam morrido com profundos cortes, e, outros cinco haviam perdido dedos com as foices, sem falar em sangrentos e dolorosos talhos que os negros abriam em si acidentalmente.

O sacerdote encontrou dom Fernando no alambique, instruindo André a respeito do envase da aguardente que preparavam. O austero senhor fingiu não ver o padre, pois não gostava de ser interrompido. Padre José esperou, bebericando um gole da cachaça e, quando

**73**

dom Fernando percebeu que o padre não iria embora, voltou-se para ele.

— Dom Fernando — disse o padre — a índia Jandira faz o que pode com suas mezinhas e suas ajudantes. Mas, ainda assim, peças morrem ou ficam muito tempo incapacitadas. Permita que Maria Luiza venha da casa-grande.

— Essa escrava é de confiança — retrucou dom Fernando. — Quitéria está velha, e essa negrinha precisa ficar junto dela.

— Mas Maria Luiza conhece ervas e pode ser mais útil nesta colheita — ponderou o outro. — Não sou seu conselheiro da lida, dom Fernando. Sou seu conselheiro espiritual. Mas acho que o senhor não quer perder mais peças.

— Não ouse dizer, padre, o que devo fazer! — rugiu dom Fernando, cerrando os punhos. — Volte para sua capela!

Vencido, padre José baixou a cabeça e virou-se para sair do grande galpão. Nesse momento, Tomás chegou correndo. O menino estava encharcado de suor e tremia dos pés à cabeça.

— Dom Fernando! — gritou o jovem. — O feitor foi picado por uma jararaca! E dois escravos se feriram!

— Vá até a casa-grande — disse dom Fernando a Tomás — e traga Maria Luiza!

Tomás, ágil como o vento, conforme disseram os escravos depois daquele dia sinistro, foi rápido até a casa-grande. Maria Luiza havia acabado de matar duas galinhas, enquanto as escravas mais velhas arrumavam o interior da casa. O menino, coberto de poeira e suor, apenas fitou a jovem, pois não tinha energia para falar.

**74**

No entanto, percebendo a ansiedade no garoto, Maria Luiza pediu que Tomás apontasse o caminho.

Levantando a saia puída, a negra correu para onde os feridos estavam. No caminho, Felipe, o filho mais velho de Tião, chegou montado no burro que seu pai costumava usar, e a moça subiu com dificuldade, pois jamais montara em um animal daquele.

Felipe era um pouco mais velho que Tomás e era um sobrevivente como todos ali. Filho de caboclo com negra alforriada, a criança de Tião parecia uma mistura de todos os povos, mas em nada lembrava a ferocidade do pai, uma vez que era doce com as pessoas.

Agarrada ao menino, Maria Luiza tremia. A moça temia aqueles grandes animais e jamais sonhara montar um deles. Espantada, via as distâncias serem vencidas, e logo as glebas de cana eram atravessadas até que chegaram a um aglomerado de escravos. Caindo do burro, Maria Luiza encontrou os escravos feridos na tentativa de tirar Tião dali. Simão estava com um profundo talho de faca na coxa direita, sangrando abundantemente. O magro negro gritava enquanto Serafim, mais velho, segurava calmamente sua mão esquerda ferida. Eles haviam tentado segurar o feitor, enquanto este saltava, em vão, para se livrar da jararaca que cravara seus dentes em sua panturrilha. No desespero, o feitor ferira os dois negros com seu afiado facão.

Jandira havia levado seu filho para o alambique com a ajuda de pai Francisco e outros escravos, e deixara alguns tecidos ali, que foram debilmente enrolados nos escravos. Maria Luiza, tomada por uma repentina serenidade, ordenou a Felipe que trouxesse jarras de água, enquanto José Luis, Camilo e Malaquias seguravam o descontrolado Simão. Não tardou para que José Antônio chegasse e, sentado no chão, ajudasse a firmar o companheiro de infortúnio.

— Maria Santíssima — evocou Maria Luiza — Mãe dos aflitos, acuda-nos! Abençoe esses sofredores! — com a voz elevada, ela disparou: — Dandalunda!

Passando os unguentos que Jandira deixara ali nas feridas de Simão, Maria Luiza se concentrou. O homem aquietou-se e seus companheiros afrouxaram a pressão sobre ele. Bebendo goles de cachaça, o escravo adormeceu, enquanto o calmo Serafim foi atendido. O escravo perdera três dedos da mão, e sua resignação comoveu a jovem.

— Obrigado, emissária de Mãe Dandalunda — sussurrou o escravo, solene. — Abençoada seja!

Jorge, que estava mais distante com outro grupo de escravos, chegou com André. Aparvalhado, o capataz apenas observou a cena. O forte escravo, por sua vez, ordenou a Malaquias e Camilo para trazerem varas.

Nesse instante, os olhos de Jorge e Maria Luiza se encontraram. Em concordância muda, a moça deixou Jorge cuidando da situação ali, que deveria resultar em levar os escravos feridos para a senzala.

Rapidamente, Maria Luiza chegou ao alambique. Deitado sobre uma mesa tosca, Tião gritava. Padre José acabava de fazer a extrema-unção. Jandira orava em sua língua em um tom quase imperceptível, enquanto pai Francisco lhe fazia coro. Dom Fernando contemplava tudo com um copo de cachaça nas mãos.

Xingando, o feitor da Fazenda Santa Maria salivava violentamente. Felipe pegou a mão de seu pai e recebeu um tapa no rosto. Maria Luiza chegou ao lado do homem moribundo e o fitou. Tião espancara, humilhara e a violentara várias vezes, mas ela não nutria nenhum sentimento de ódio por ele. Pondo delicadamente a mão na testa marcada do feitor que estava morrendo, a jovem se voltou para os céus.

— Deus, Nosso Pai — orou Maria Luiza —, este filho pecador está em sofrimento. Abranda-o, ó Criador! Em nome da Mãe das Mães! Por ela, a quem Jesus tanto amou!

Tião arregalou os olhos absurdamente. Trêmulo, seu corpo parou de se debater. As mãos duras e ossudas do feitor tomaram as da negra. Com a respiração mais suave, Tião ameaçou um sorriso.

— Obrigado — disse o feitor com visível alívio no rosto.

Assim dizendo, morreu. Uma morte boa, e não merecida, conforme os escravos disseram ainda naquele dia. Padre José proferiu uma oração encomendando a alma do morto aos céus. Rute, desesperada, se jogou sobre o corpo dele, enquanto os filhos sobreviventes pranteavam a perda do genitor tirano. Jandira, por sua vez, não dissera uma única palavra e, se sofreu pela perda do filho, ninguém soube.

# Capítulo 13

André foi alçado a feitor da Fazenda Santa Maria e, pouco depois, casou-se com Rute por determinação de dom Fernando. Maria Luiza regressou à cozinha e aos depósitos da casa-grande, mas angariou a admiração dos escravos que, antes, viam nela uma simples escrava que seguia Jandira e depois Filomena, mas que agora demonstrara incrível autoridade espiritual.

Numa tarde de outubro, quase um mês depois da morte de Tião, padre José chegou de Olinda. Ele trazia uma pequena bolsinha de pano e foi à cozinha entregar para a jovem escrava.

— Uma grande devota de Maria Santíssima não pode ficar sem isto — disse o padre entregando à moça a pequena trouxinha. — É um verdadeiro tesouro!

Abrindo a simples embalagem diante das duas outras escravas, Maria Luiza viu em suas mãozinhas um rosário de madeira escura. Havia uma medalha de latão com a gravura de Nossa Senhora e a cruz de madeira trazia uma pequena figura de Jesus Cristo entalhado.

— Não posso ficar com isso, padre — disse Maria Luiza acariciando o presente —, sou escrava!

— O senhor permitirá! — insistiu o padre José.

Colocando o rosário em torno do pescoço, a moça sentiu um grande bem-estar.

— Ficou bonito em você, minha filha — disse Quitéria —, mas terá de esconder por baixo dos panos.

— Sinto que usará muito esse rosário, Maria Luiza — sentenciou Filomena, com ar de mistério.

Naqueles dias, Felipe e Tomás passaram a servir na casa-grande, fazendo coisas pequenas, como carregar sacas e buscar animais. Dona Mariana, por sua vez, mantinha-se afastada, dedicada aos preparativos do casamento do filho. A senhora, quando não estava com padre José ou alguma de suas amigas das fazendas vizinhas, falava com Quitéria ou Filomena, mas nunca com Maria Luiza, que só passava da cozinha quando os senhores não estavam em casa.

Os dias passaram, e dezembro se aproximava. Dia quatro, dia de Santa Bárbara, seria o casamento de Leonardo e Cecília. Sob a direção de padre José, alguns escravos reformavam e ampliavam a capela da fazenda. Aquilo fora motivo de discórdia entre dona Mariana, que queria rico e opulento casamento na capital, e dom Fernando, que queria aprofundar as raízes de sua família naquela terra. Venceu o senhor.

Pedreiros e um talentoso pintor foram trazidos de Olinda, por ordem do senhor de Santa Maria, e afrescos foram feitos com requinte. Rapidamente, a pequena igreja surgiu bela e altaneira, simbolizando o poder de dom Fernando Coutinho.

Leonardo, em novembro, regressou à fazenda e estava sempre ansioso. Aprendera muito em suas viagens, mas ficar à sombra de seu pai visivelmente o afetava. E voltava agora para se casar e viver integralmente sob o teto de dom Fernando. O jovem, sempre que se via livre da figura dos pais, gostava de ficar na cozinha, observando silenciosamente Maria Luiza.

— Um dia, serei o senhor da fazenda — disse ele a Maria Luiza, quando Filomena, a contragosto, foi enviada para buscar farinha — e será minha o tempo que eu quiser, negrinha.

Maria Luiza não respondeu. Apenas continuou a cortar os legumes, ignorando o filho do senhor.

Naquela época, muitas mulheres deram à luz na senzala e nas casas dos empregados e escravos de confiança. Maria Luiza ajudou em cada parto, ao lado de Jandira, que parecia ter envelhecido severamente após a morte de seu último filho. Algumas vezes, quando uma das mulheres de Jorge dera à luz, a jovem escrava ficara no comando do parto, enquanto a velha índia apenas observava.

Desde a morte de Tião, Jorge se aquietara em relação a Maria Luiza. Simão e Serafim, antes companheiros do escravo, passaram a venerar a escrava como salvadora de suas vidas, e muitos outros negros se afeiçoavam à silenciosa Maria do Rosário, como as crianças e o pai Francisco a chamavam dali em diante, pois em todas as coisas que fazia a jovem sempre estava com seu rosário.

Logo chegou o último mês do ano de 1691 e com ele o casamento do filho de dom Fernando. Tendas foram erguidas no terreiro atrás da casa-grande e duas

**80**

comitivas vieram de Olinda e do porto de Recife trazendo vinhos, tecidos, presentes e toda a sorte de coisas que seriam usados no enlace. Dom Fernando, pela primeira vez, parecia não se preocupar com o interminável canavial, o engenho ou a criação de gado. André, João e pai Francisco viviam nos calcanhares do senhor, enquanto Jorge ficou com o comando dos negros no trato da cana.

Dona Mariana, em pessoa, tomou o comando da cozinha. Duas escravas da família de dom Lourenço foram enviadas para ajudar, e dona Ester, irmã mais jovem da senhora da fazenda, chegou no fim da tarde anterior ao casório. O marido dela, dom Cristóvão, chegaria na manhã seguinte com os filhos.

O amanhecer do dia quatro de dezembro chegou radioso e ardente. Os escravos iam e vinham. Leonardo surgiu na sala mal-humorado, pouco depois de seu pai. Os convidados chegariam em breve, vindos das regiões da Capitania de Pernambuco.

Todos estavam engalanados. Major Coutinho, irmão de dom Fernando, chegou com uma escolta de soldados de semblante feroz. O encontro entre eles foi solene. Padre José trajava sua mais bela batina e sua calva resplandecia ao sol.

Os escravos iam e vinham, e logo Quitéria e Filomena comandavam a cozinha, pois dona Mariana recepcionava os convidados. O casamento aconteceu sob os auspícios de bonança e alegria e, enfim, Leonardo e Cecília se uniram em matrimônio. Uma grande festa se sucedeu, com muita dança e comida aos convivas.

Por fim, os convidados se foram, enquanto outros se alojaram na casa-grande ou em tendas montadas. Pai

**81**

Francisco permaneceu firme até o fim, apesar da idade avançada. Ele, sempre que cruzava com a querida pupila, sorria, e os dentes que restavam coroavam belamente seu rosto muito mais venerável do que todos os velhos senhores que lá passaram engalados em ricos trajes.

No dia seguinte, Leonardo e Cecília, antes do alvorecer, partiram para o porto de Recife. Iriam fazer uma opulenta viagem à Europa e depois da páscoa deveriam retornar para a vida em Santa Maria.

As escravas da cozinha, insones, prepararam a mesa do desjejum. Major Coutinho, com um semblante ainda mais feroz que o irmão mais velho, se locomovia com mais desenvoltura, apesar de ser mais pesado que dom Fernando. Sentando-se pesadamente à mesa, começou a comer antes que os outros que estavam na casa-grande chegassem.

— Não vou esperar esses moles! — bradou o major a si mesmo. — Não mesmo!

Mal acabou de falar, o major Coutinho foi surpreendido por seu irmão. Ambos se cumprimentaram com um tosco grunhido. Bebendo um gole de cachaça, dom Fernando fitou o belicoso irmão.

— Ouvi que houve uma fuga de escravos na fazenda São Bartolomeu — disse o senhor da fazenda. — Foi uma grande quantidade de peças.

— Sim, é verdade — respondeu dom Coutinho. — Cerca de quarenta negros. Dom Abelardo está enlouquecido. Por isso, não veio ontem.

— Claro que eu o desculpo por isso — retrucou o outro. — Depois ele mandará o presente, tenho certeza! E você irá caçar esse bando de peças fugidas?

— Certamente — disse o major sorrindo malignamente — deixei a tropa nas cercanias de sua porteira. Vou caçá-los! Já sei onde eles estão.

Invisíveis aos dois homens, Maria do Rosário e Filomena ouviram aquela conversa. A jovem, durante aquele tempo em Santa Maria, jamais pensara que tinham outros reinos à sua volta. A ideia de liberdade a surpreendeu. Filomena, discretamente, cutucou a companheira, que voltou de seus devaneios.

Mais tarde, enquanto areavam as panelas, Maria do Rosário sentia-se incomodada.

— Para onde os negros fugiram? — indagou a jovem à mulher mais velha.

Filomena esperava por aquela pergunta. As mãos da escrava tocaram as cicatrizes que tinha no pescoço. Subitamente, os olhos da mulher marejaram.

— Alguns negros cometem a loucura de fugir de seus donos — disse Filomena, quase num sussurro. — E, quando fazem isso, vão a um reino chamado quilombo. Dizem que lá podemos viver como reis, como nossos pais eram na África — a cozinheira então se virou para o fogão com lágrimas correndo em seu rosto marcado: — Mas isso é tolice, filha! Esqueça isso! Obedeça e viva!

— Você já tentou fugir, não é? — volveu Maria do Rosário.

— Fui apanhada — disse Filomena — e fui marcada para nunca esquecer. Era mais jovem que você. Pai Francisco e Jandira me salvaram — pondo suas mãos no rosto delicado da companheira, prosseguiu: — Só temos a Terra Verde além desta vida de sofrimento, filha.

Major Coutinho se reuniu com sua escolta, que atormentara algumas escravas, e partiu. Iria levar guerra a algum lugar. A festa logo foi esquecida pelos negros, e a vida retornou ao habitual.

No dia de Natal, após a missa para os escravos, padre José partiu em viagem para algumas fazendas da região. Major Coutinho era esperado havia alguns dias, mas não havia qualquer notícia dele. Dom Fernando cavalgava pelas suas terras, quando um batedor do exército comandado pelo major chegou. Gritando por André e João, o senhor ordenou que mandassem os escravos para dentro das senzalas.

Major Coutinho chegou com sua força militar composta por muitos mestiços e poucos brancos. Traziam um grande número de negros acorrentados. Do alto de seu burro, dom Fernando recebeu o irmão, que trajava um peitoral de metal semelhante ao que Maria do Rosário vira no senhor da Casa de Pedra, ainda em sua terra natal. Dom Fernando observou as peças que seu irmão apresara. Ele soube que o major aniquilara o quilombo para onde os fugidos da Fazenda São Bartolomeu tinham ido. Dom Abelardo, em pessoa, havia engrossado a força do exército e tinha levado seus homens para reaver suas peças.

O excedente fora repartido entre os senhores, e Coutinho trazia sua parte para vender ao irmão. Quando jovem, dom Fernando ia nas caçadas a índios e negros nos sertões e acalentava o sonho de encontrar e destruir o lendário quilombo que havia nas Alagoas, que, segundo diziam os boatos, tinha mais gente que em Salvador.

Mas os negros que Coutinho trouxera eram diferentes dos que viviam na Santa Maria. Pareciam ser de outra estirpe e traziam em seus olhos toda uma ferocidade que fazia o soldado mais valente da tropa se aproximar com muito receio. Um deles, mais alto e magro, com cicatrizes longitudinais em suas bochechas, encarou dom Fernando, que sorriu.

— Compro todos, irmão — disse dom Fernando —, mas pago menos por cada um. São muito selvagens e perderei tempo amansando essas peças.

— Deixe de ser sovina, dom Fernando! — protestou o outro. — Pague direito. Mas essa peça aí, que te enfrenta com os olhos, é uma onça! Só caiu depois que um mestiço de dom Abelardo caiu morto em cima dele. Esse vale a metade dos outros. Negócio feito?

Dom Fernando esperou alguns instantes e depois aceitou. Pagou o irmão, que ordenou aos soldados que acompanhassem as dezenove peças até a senzala maior, que fora esvaziada por João às pressas.

Pai Francisco e Serafim trouxeram baldes de água e farinha para os recém-chegados. O velho escravo, pela primeira vez, ficou preocupado em relação àqueles que chegaram. Prevenido, mandou Miguel chamar Jandira, que veio o mais rápido que podia.

— São estranhos — disse pai Francisco à índia. — Não são como os que conheço. As tribos deles são bem diferentes!

Todos os escravos que vinham do quilombo comiam o mingau, menos o negro alto, que mantinha seu olhar fixo ao teto de sapê. André e os capatazes, após a refeição pobre dos escravos, entraram na senzala com as pistolas nas mãos e trouxeram o estranho e feroz escravo, que fora o único a ser mantido acorrentado nas pernas e nos braços.

Levaram aquele negro até o pelourinho, um poste de madeira que encimava dois degraus de pedra. Aquele lugar ficava no centro do terreiro atrás da casa-grande e sua sombra apavorava os escravos. Prenderam ali o recém-chegado, e, sem palavra, chicotearam o negro. Ele, por sua vez, não emitiu um único som. Por fim, exausto e coberto de sangue, com as costas completamente rasgadas, dobrou os joelhos.

— O senhor matou o escravo! — disse Jandira, enraivecida, a André.

— Não diga isso! — exclamou o feitor. — Cuide bem dessa peça, Jandira!

João e pai Francisco libertaram o homem brutalmente ferido e o arrastaram dali. Maria do Rosário, que vira aquela cena, seguiu o grupo. Sentia que podia ajudar. Na casa de João, um mísero casebre anexo à senzala, eles puseram o escravo sobre uma mesa. Ele sangrava abundantemente. Jandira começou a trabalhar, fazendo um emplastro. Pai Francisco estava certo de que o companheiro de infortúnio iria perecer. Com seus olhos embaçados, o ancião pediu, em silêncio, que as duas mulheres deixassem aquele escravo morrer.

No entanto, havia algo naquele estranho negro que intrigou a jovem cozinheira. Acariciando o rosto ensanguentado do ferido, Maria pegou seu rosário. Evocando a Mãe dos Estropiados, a jovem orou fervorosamente, enquanto fazia um caldo de ervas descer pela boca ressequida do enfermo. Os olhos do negro, que estavam virados, se voltaram para o rosto da moça, e, lentamente, adquiriram um tênue brilho. Quando, por fim, a respiração do estranho se estabilizou, levantaram-no dali e o deitaram em um galpão, com as pernas acorrentadas.

— Ele vai viver — disse pai Francisco — mas sinto que teremos muitos problemas pela frente. O fogo no espírito desse estranho poderá consumir a todos nós!

# Capítulo 15

Os novos escravos foram "dobrados", conforme André costumava dizer, repetindo a fala de seu antecessor, muito mais cruel que ele. Padre José nomeou a todos com nomes cristãos, e, alguns deles, que eram fugidos de fazendas, receberam com resignação os nomes novos. Mas chamava a atenção dos escravos de Santa Maria que alguns dos recém-chegados eram nascidos livres nos quilombos proibidos.

O homem que fora chicoteado até desfalecer foi chamado de Paulo, e, mesmo acorrentado, assustava pelo seu olhar de ferocidade. O rapaz se recusou a receber a hóstia, mesmo sendo agredido com um cabo de enxada por João e André. E padre José, mantendo certa distância, jogou a água na cabeça do infeliz. Dom Fernando, observando aquilo, se arrependeu visivelmente da compra.

O senhor da fazenda, ante a insubordinação de Paulo ao sacerdote, ordenou que fosse atado ao tronco e deixado lá. Ele não foi chicoteado, pois ainda estava muito ferido e seria prejuízo a dom Fernando perder aquela peça. Acorrentado ao pelourinho, o negro fitou o céu. Se esperava algo, logo desistiu, baixando a cabeça. As horas passaram e seu corpo, já dolorido, ficou coberto de moscas atraídas pelo sangue seco. O cansaço era forte, mas Paulo suportava de pé, escorado ao infame madeiro.

De longe, na cozinha, a jovem escrava assistia à cena. Compungida, chegou a pegar uma moringa de água para levar ao estranho. Com um duro olhar, Filomena a impediu. Ajudar aquele escravo era atrair a fúria do senhor que, às vezes, procurava por Maria do Rosário no galpão perto da casa-grande, sem dizer uma única palavra.

No alto da madrugada, a jovem ainda se encontrava desperta. Toda a fazenda se encontrava imersa na escuridão. Sorrateira, Maria do Rosário se esgueirou até o terreiro onde Paulo ainda estava após passar o tórrido dia.

— Beba — disse ela, em tom baixo, enquanto estendia um recipiente de barro cheio de água. — Beba rápido!

— Por que não me deixou morrer, escrava? — indagou ele, com um fio de voz. — Teria sido a minha felicidade.

— Obedeça e viverá — disse a moça, ignorando as palavras do outro. — Obedeça!

— Obedecer é viver? — perguntou Paulo, com ferocidade.

Maria do Rosário fitou o homem. Sentia nele uma enorme força. Ele sorriu, e a lua cheia foi revelada pelas nuvens. O coração da moça acelerou como havia muitos anos não acontecia. No entanto, naquela vez, não sentia medo, nem tinha palavras para precisar o que sentia.

Recuando, a cozinheira voltou para seu pequeno quarto, que ocupava junto com as outras, na casa-grande.

Quitéria e Filomena estavam à sua espera. Envergonhada, Maria do Rosário sentou-se no velho colchão de palha.

— Esse escravo cheira à desgraça, filha — disse Quitéria cheia de doçura e talvez se recordando de sua mocidade havia muito perdida —, fique longe dele.

— Pai Francisco não costuma errar, minha filha — continuou Filomena —, esse Paulo é um homem morto e vai criar muita tristeza aqui.

— Mais tristeza do que já temos? — indagou a moça, com uma pontada de súbita revolta.

— Sim — disseram as duas anciãs em uníssono.

Pela manhã, dom Fernando em pessoa foi ter com Paulo. O senhor usava seu próprio chicote, que trazia esporas de ferro nas pontas e era chamado pelos negros de "rabo do diabo". Jandira, André, pai Francisco e José Antônio estavam lá. O fazendeiro encarou sua peça. De alguma forma, o escravo ainda estava de pé e sustentou o olhar de dom Fernando com a mesma arrogância de quando chegara. Um silvo ecoou no ar, e o som da chibata rasgando a carne do escravo se fez ouvir dando a todos ali, inclusive às cozinheiras que a tudo viam a distância, um forte estremecimento.

— Quem é teu dono, peça? — indagou dom Fernando.

Silêncio. Novo rasgar de carne. Paulo dobrou o joelho, novamente desacordado. Pai Francisco tirou o chapéu da cabeça grisalha e fitou o céu. Ele conhecia aquela dor e já sentira o desespero furioso que guiava o espírito de Paulo. Mas, diferente do rebelde, o velho aprendera a obedecer ainda jovem. Mas a lembrança, ainda que distante, ainda estava lá.

— Levem esse animal para a senzala — ordenou dom Fernando. — Jandira, garanta que ele viva!

Silenciosa, a índia ajudou pai Francisco e André a levarem Paulo para a senzala. José Antônio seguiu-os com a bolsa de ervas de Jandira nas costas, e o som de suas muletas ecoou por algum tempo até diminuir e sumir.

— Esse não tem alma — disse dom Fernando às negras que assistiam a tudo. — Vocês são privilegiadas por aceitarem Deus e a obediência que ele cobra dos cristãos. Continuem assim e serão salvas!

De cabeça baixa, as mulheres assentiram e saíram dali retornando a seus afazeres. Não demorou muito para que Tomás viesse chamar Maria do Rosário para ajudar Jandira no tratamento de Paulo.

Durante o percurso, a negra lembrava-se das palavras de sua mãe no grande barco que a trouxera para esse reino maligno. Era a primeira vez em anos que se recordava do rosto de sua mãe. Seu pai agora era um mero borrão em suas recordações, mas seu nome foi sussurrado com muito respeito.

Na vasta senzala, cheia de palha e sofrimento, a cozinheira encontrou o grupo. Pai Francisco e José Antônio apenas olhavam a tudo. Jandira, em sua linguagem indígena, rezava enquanto aplicava os unguentos. A negra se aproximou, e Paulo abriu os olhos. Viveria pelo menos mais um dia.

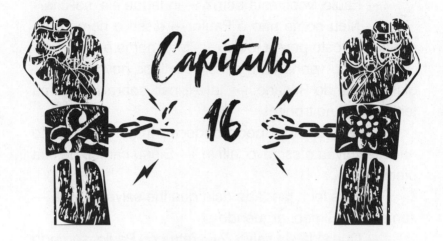

## Capítulo 16

Dessa vez, Paulo ficou mais obediente. Via-se no seu olhar o fogo de sua alma, mas nada fazia que confrontasse a autoridade do senhor e de seus capatazes. Logo que se recuperou, foi posto no canavial. A presença do novo escravo chamava a atenção, e Jorge deixou que Paulo carregasse mais carga que os demais.

— Depois de tanto descanso — disse Jorge com ferocidade —, creio que tenha mais disposição para trabalhar!

Porém, Paulo não respondeu. Preferia ficar mais distante dos outros, que agiam de forma contrária. Dessa forma, Jorge encontrou outra coisa para fazer, deixando o estranho em paz. Pelo menos por algum tempo.

Paulo, quando regressava à senzala, por sua vez, era acorrentado junto à parede, e, nem mesmo aqueles que tinham vindo com ele se aproximavam por ordem de André, sob pena de serem chicoteados. Apenas observavam aquele que, um dia, havia sido líder no quilombo.

Naquela noite, coberta de nuvens de chuva, Maria do Rosário surgiu à porta trancada. Ela foi vista por alguns que acordaram, mas deram de ombros.

— Paulo, você está bem? — indagou ela, solícita.

— Meu nome não é Paulo — disse o homem erguendo o rosto para a jovem. — Meu nome é Daren.

— Não venha com seus desatinos novamente — disse Maria do Rosário. — Talvez não sobreviva a uma terceira vez no tronco!

— Minha carne pode padecer, mas meu espírito não! — volveu o escravo, altivo. — E não careço de sua piedade.

— Pois foi a piedade dela que lhe salvou a vida — sentenciou Simão, erguendo-se.

— Que vida ela salvou? — retrucou Paulo, sorrindo e evidenciando a falta dos dois grandes dentes frontais superiores, cuja extração era parte de um ritual de sua tribo, ainda na África.

Simão balançou a cabeça e fitou a benfeitora. Como José Antônio, o negro também amava aquela moça que lhe salvara a vida.

— Não se amofine, Simão — disse Maria do Rosário —, descanse para amanhã.

Obedecendo imediatamente à doce orientação, Simão se deitou novamente no chão duro e aquietou-se.

— Qual o seu nome? — indagou Paulo que observara silenciosamente o outro escravo acatar as palavras da pequena moça.

— Maria Luiza ou Maria do Rosário — respondeu ela.

— Não quero esse nome falso — insistiu o outro. — Quero saber seu nome.

A negra estremeceu. Da mesma forma que o rosto de seu pai desvanecera em sua mente, seu nome tribal era apenas um sussurro proibido. Tocando levemente seu rosário, a jovem se foi.

**94**

Naquela manhã, Leonardo e Cecília regressaram de viagem. Foram recebidos com formalidade por dom Fernando e com lágrimas por dona Mariana. O jovem casal se alojou no grande quarto que outrora fora ocupado pelo filho finado do casal, Manoel, e logo pai e filho rumavam para o engenho. As mulheres ficaram conversando na sala, trocando novidades, sob os olhares atentos de Quitéria.

Por todo o dia, Maria do Rosário pensou em Paulo e na conversa que tivera com ele. O escravo, por sua vez, parecia trabalhar com uma nova disposição. Não mais se distanciou dos outros e até mesmo cantou uma canção em sua estranha língua, ligeiramente diferente dos idiomas daqueles que tinham atravessado o grande mar.

Ao entardecer, Maria Luiza lavava algumas toalhas de mesa. Entoava, baixinho, algumas canções que sua mãe lhe ensinara e que desde a destruição de sua tribo não entoara. Sentia-se leve e feliz. Tentaria, à noite, ir a senzala novamente.

— A vida na casa-grande lhe fez muito bem — disse Leonardo surgindo por detrás de uma parede do galpão. Seu olhar maligno denotava suas intenções. Se houvesse alguém ali, certamente fora despachado para longe com uma ordem do filho do senhor. Engolindo em seco, Maria tocou o rosário que estava no seu pescoço fino.

## Capítulo 17

Não demorou para que Cecília se descobrisse grávida. Àquela altura, a jovem não suportava mais a sogra, nem seus intermináveis bordados e maquinações contra as escravas. Dona Mariana já alertara a nora a respeito de os homens se deitarem com as escravas, e logo Cecília fitava Maria do Rosário com desprezo.

Dom Fernando abriu uma garrafa de vinho português e abraçou o filho. Orgulhoso, ordenou a padre José, a essa altura novamente na fazenda, que rezasse trinta missas de graças ao filho que havia chegado. Por algum tempo, Leonardo, que se aproveitava da ausência de dom Fernando para abusar da jovem cozinheira, a deixou em paz. Dom Fernando, por sua vez, quase não procurava mais a escrava, passando a se encontrar com uma jovem que tomara como amante, na vila mais próxima da fazenda.

Com o passar dos meses, André, com a anuência de dom Fernando, permitiu que Paulo dormisse na senzala sem os grilhões. Quase todas as noites, ele e a cozinheira da casa-grande se encontravam, separados apenas pelo portão de madeira que selava o cativeiro dos negros. Não demorou, porém, que Jorge e os outros capatazes descobrissem o que estava acontecendo. Todos sabiam o que os senhores faziam com Maria do Rosário, e a tragédia prevista por pai Francisco foi lembrada.

— Você não teme a morte, bem sei — disse pai Francisco a Paulo — mas pense em Maria do Rosário, meu filho. Quer aumentar a tristeza dela?

— Ela me ama — retrucou o outro. — Minha mulher e meu filho foram mortos pelo major Coutinho. Não tinha nada. Maria do Rosário me devolveu a vida três vezes. Duas, quando curou meus ferimentos e a terceira, quando percebi que ela me ama.

Pai Francisco baixou a cabeça. O peso dos anos cobrou seu preço, e ele caminhava agora lentamente e amparado por um galho de goiabeira. Muito dos serviços que antes fazia foram delegados a Serafim ou Camilo. Sentia-se velho e percebia que sua hora chegaria em breve.

Deixando o jovem beligerante, o ancião sabia que, em breve, Paulo, ou Daren, como ele tanto insistia em ser chamado, tentaria fugir. Levando ainda sua amada protegida.

Os dias passaram, e a vida em Santa Maria seguia como de costume. Era noite de comemoração à Santa Joana D'Arc e a São Miguel, e a missa de padre José, que antecedia os festejos dos escravos, foi mais longa que o habitual. O envelhecido sacerdote dissertara sobre o martírio da santa e de como sua fé a levara ao paraíso. Com um olhar de pesar, o padre fitou os ansiosos negros e tomou seu caminho junto dos senhores.

Tia Filomena e pai Francisco tomaram o comando, sob o olhar atento do simpatizante André, de sangue índio e negro, que vigiava cercado pelos filhos de Tião e o seu próprio, Tadeu, que Rute gerara e o trazia em seus braços.

Algumas cabaças de cachaça apareceram e vozes se elevaram em louvor aos santos católicos, que eram entremeados com nomes de alguns ancestrais ou algumas divindades. Foram contadas histórias dos feitos de antigamente, mas ninguém falou da guerra contra outra tribo. Houve dança ao som de palmas e de um simples tambor improvisado, que era tocado habilmente por Serafim.

Maria do Rosário dançava com as crianças e com Maria de Lourdes, que esperava seu primeiro filho. José Antônio e Simão observavam atentamente a jovem cozinheira. Paulo, silencioso sob a frondosa jaqueira que havia crescido ao longo dos anos, engolia um pedaço de mandioca, após sorver um bom gole de cachaça. Ele sabia do amor dos outros dois por Maria do Rosário, mas os respeitava. Eles, ainda que amargamente, também prezavam o amado de Maria do Rosário, pois Paulo salvara a vida de Simão quando este quase pisou em uma cobra coral, e, em várias vezes, ajudara José Antônio em suas atividades.

Os festejos, como sempre, romperam a madrugada e, um a um, os negros e as pessoas que habitavam na fazenda sem serem chamadas de escravos se retiraram. Maria do Rosário, diante de Paulo, que estava ao lado da fogueira quase extinta, sorria. Sobre sua cabeça, no céu, parecia refulgir uma coroa de estrelas. Subitamente, o escravo se ajoelhou. Parecia que estava diante de algo divino.

Pai Francisco surgiu. Ajoelhando-se dolorosamente ao lado do homem mais jovem, o ancião beijou o solo. Dandalunda estava em terra e escolheu aquele momento para abençoar os dois homens. Com um gesto, a entidade fez com que a seguissem. Chegaram após alguns minutos de caminhada ao rio que havia na vasta fazenda, cujo nome era Rio das Pedras, por conta das grandes rochas que lá havia. Do outro lado, a mata escura se assentava, silenciosa. Indicando para que se ajoelhassem novamente, Dandalunda lavou a cabeça dos negros, entoando uma canção que falava da luz das estrelas que caíam nas águas da Vida. Lágrimas abundantes fluíam do rosto de pai Francisco e de Paulo, que nada diziam.

De repente, com um ligeiro estremecer, Maria do Rosário suspirou. Lágrimas vieram de seus belos olhos, e os três escravos agradeceram a graça que tinham recebido.

Quando se preparavam para voltar, Jandira surgiu do outro lado do rio. A idosa estava nua com o corpo coberto de pinturas que antes existiam somente em sua memória. A curandeira de tantos males fitou os companheiros que cultivara em meio às dores de sua vida. Maria do Rosário, num ímpeto, entrou nas águas mansas do rio e avançou até a cintura, até parar por força do olhar de Jandira.

Parecia que a antiga escrava, chamada por anos de "negra da terra", tinha um novo semblante, mais jovem e aguerrido, em nada lembrando a anciã alquebrada. Assim como Maria do Rosário fora receptora de Dandalunda, Jandira também recebia energias antigas de seu povo devastado. Os negros sabiam que a índia havia se reencontrado.

Assoviando altaneira, Jandira ergueu seus braços ao céu, que era cortado pelos primeiros raios da alvorada e, então, desapareceu em meio à vegetação sem se virar uma única vez.

## Capítulo 18

Houve muita tristeza quando souberam do desaparecimento de Jandira. Inconformado, dom Fernando ordenou que procurassem a índia nas florestas e capoeiras da fazenda, mas não encontraram nenhum rastro dela.

O senhor da fazenda chegou a acusar pai Francisco de acobertar a fuga da índia, mas desistiu, pois o negro já não tinha tanto tempo de vida e ele era ainda útil para organizar pacificamente os escravos. O que ninguém sabia era que Maria do Rosário e Paulo estavam com Francisco naquela noite, exceto Quitéria e Filomena, que mantiveram segredo.

Paulo, que era chamado pelos negros e capatazes pelo seu nome verdadeiro, caminhava para os grandes galpões junto do alambique. Carregava uma caixa com garrafas vazias para a cachaça ser envasada. Habitualmente era Serafim quem se encarregava daquilo, mas o escravo mais velho fora convocado a reformar uma parte do telhado da casa-grande, pois tinha grande habilidade para escalar e manter-se sobre o telheiro, além de ser de confiança dos senhores.

O escravo, havia algum tempo, caminhava sem as correntes a prender-lhe os pés, uma concessão duramente conseguida por intermédio de pai Francisco com o feitor André.

— Ora se não é Paulo, o selvagem — disse Jorge surgindo de dentro do galpão, e, em suas mãos estava uma foice sem cabo —, um escravo que não sabe seu lugar.

— Se não é Jorge — volveu o outro, mostrando seus dentes alvos em uma expressão de desafio —, um cão que se acha gente.

Jorge fitou Paulo. O primeiro era maior e mais pesado, com músculos bem desenvolvidos por conta da boa alimentação. O outro, mais baixo e esguio, não se intimidou, pondo calmamente a caixa no chão de terra batida. Perto dali, um dos cães de fila que o falecido Tião criara, deitado e sonolento.

— Vou te matar, escravo — rosnou Jorge, fazendo a lâmina em suas mãos refletir a luz do sol. — Vou te matar e tomar Maria do Rosário.

— Um dia, todos morrem, Jorge — retrucou Paulo. — Uns antes dos outros. Garanto que você irá antes de mim. Sua lâmina não me assusta, escravo infeliz.

— Basta! — bradou o capataz João saindo de algum lugar e, em suas mãos, o longo facão estava desembainhado. — Jorge, pegue o cabo que veio buscar e volte para a casa-grande. Agora!

João era um mestiço com profundas rugas e os cabelos encardidos. O homem era filho de um antigo capataz português que trabalhava para o pai de dom Fernando e que havia se casado com uma das escravas índias. Havia muitas delas na fazenda antes da chegada dos negros da África. O auxiliar de André era um homem duro e hábil que detestava tanto o privilegiado Jorge quanto o rebelde Paulo.

Jorge fixou o olhar no rosto de João, que susteve o seu.

O capataz sabia que o escravo era benquisto pelo senhor e se valia disso abertamente. Fabrício, outro capataz, igualmente mestiço e marido da filha mais velha de Tião, se aproximou vindo buscar algumas tábuas e percebeu o impasse. Paulo, matreiramente, deu alguns passos para trás. Por fim, Jorge pegou um cabo que estava encostado na parede e saiu apressado.

— Guarde a caixa — disse João, mal escondendo o alívio e trocando olhares com Fabrício — e ande rápido!

Enquanto Paulo guardava a caixa de garrafas, João o observou. Fabrício pegou duas tábuas e saiu apressado, após confirmar com o companheiro de que o problema havia acabado.

— Jorge tem muitos privilégios, Daren — disse João. — Um deles é fazer bastante coisa do seu querer. Foi Deus quem não permitiu que ele usasse Maria do Rosário. Confie em Deus para isso. Se não, vai acabar morrendo.

— Não tenho medo da morte, João — retrucou o outro, esforçando-se para medir as palavras —, e, na minha terra, dizíamos que o Criador só faz sua parte se nós fizermos antes a nossa.

— Você não está mais na sua terra natal — asseverou o capataz. — Nem liberdade você tem. É inteligente e sabe disso.

O capataz pôs sua mão ossuda no punho do facão e fitou o telhado por alguns momentos.

— Quando eu era criança, certa vez, perguntei a Jandira o porquê de sermos tão diferentes — João, naquele momento, confidenciava seus pensamentos íntimos: — branco, índio, escravo e senhor. Os primeiros negros chegavam, e pai Francisco era um jovem feroz, mas logo foi domado.

Daren, em silêncio, apenas observou o feitor, quase tão mau quanto Tião havia sido. O negro percebeu que o capataz também era escravo a seu modo.

— Jandira disse que não éramos diferentes — continuou João — pois o sangue era igual. Meu pai era branco e escravo do senhor da época. Branco! — o capataz alisou os longos cabelos, com muitos fios grisalhos. — Você acha que a cor da pele faz alguém escravo? Eu digo que não, Daren. O que diferencia você de mim, é que tenho facão e pistola. Outros escravos, como pai Francisco e Jorge, têm suas taperas como eu tenho. Jorge ainda tem mulheres, coisa que eu mesmo não tenho mais desde que Ana morreu há muitos anos, e o senhor não me deu mais nenhuma outra. Como você, eu faço o que mandam, senão sou morto por arma ou de fome nessa terra onde tantos são donos, menos meus antepassados índios e os negros que vieram do outro lado do mar. Nós não temos "posse", negro da África. Por isso, somos escravos. Deus quis assim.

— Podemos mudar isso — arriscou Daren, com alguma esperança surgindo em seu coração.

— Trair o senhor? — indagou João. — Não. Ele nos dá pão e justiça. A justiça dele é ferro, sangue e dor. Deus o escolheu para ter posses. Nós somos uma das posses de dom Fernando.

O capataz então tomou a direção dos campos e sumiu da vista de Daren, que sentia suas esperanças novamente se esvaírem.

# Capítulo 14

A reforma do telhado da casa-grande acabara. Dom Fernando se achava na vila, certamente com a amante, e dona Mariana estava encerrada em seu quarto, tomada de fúria e despeito. Leonardo, cheio de si, governava Santa Maria, enquanto Cecília gritava os nomes Quitéria e Filomena a todo instante para ser mimada.

Fazia muito calor, e os escravos se desgastavam violentamente na lida. Até os capatazes estavam extenuados pelo sol impiedoso.

Pai Francisco, carregando alguns cabos de foice nos ombros magros, arrastava os pés. Suava em bicas, mas cumpriria, como sempre, a ordem dada o mais rápido possível. Saíra do vasto canavial seguindo pela estrada de chão batido em direção ao depósito ao lado do alambique, um posto avançado onde algumas ferramentas eram guardadas.

Os olhos negros — com uma grossa coroa azulada em cada um — se voltaram para as pesadas nuvens que se formavam. Ele sabia que tamanho calor resultaria em chuva forte. Uma fisgada repentina no peito fez pai

Francisco parar sua marcha e soltar os cabos, que rolaram pelo chão empoeirado.

Buscando alguém à sua volta, o velho escravo sentiu uma nova fisgada roubar-lhe o fôlego. Caindo bruscamente de costas, pai Francisco voltou seus olhos para as nuvens que se assomavam. Tentou se levantar, em vão. Soube, então, que seu momento chegara.

Esboçando um largo e ressequido sorriso, o velho chamou por Zazi, e sua voz era um fraco fiapo de som. De repente, um trovão roncou fazendo toda a fazenda estremecer.

Quitéria, que batia manteiga, sentiu um arrepio percorrendo sua coluna. Indo até a porta da cozinha, viu o céu pesado. Filomena pôs as mãos nos ombros da companheira, enquanto Maria do Rosário fitava as duas sem entender o que acontecia.

Estirado no chão seco, quente e poeirento, pai Francisco via descer das nuvens um negro alto, com riscos brancos em sua cabeleira negra em formato de juba. A entidade vergava uma túnica feita de pele de leão e a cabeça da fera jazia assentada sobre o ombro direito de Zazi, que chegava em toda a sua glória. Novos trovões ribombaram, agora acrescidos por raios furiosos.

Pai Francisco tentou, novamente, levantar-se para reverenciar o ancestral de sua tribo, mas seu corpo não lhe respondia mais. Orava e permitia que lágrimas rolassem por seu rosto severamente marcado pelos anos sofridos.

Zazi se aproximou do ancião e estendeu sua gigantesca mão, em silêncio, enquanto raios cortavam o céu e os trovões ecoavam. O rosto majestoso de Zazi estava unicamente voltado para seu protegido.

Finalmente, pai Francisco conseguiu erguer sua mão direita e pegou a do Inkice. Tomado por súbito vigor, o velho ergueu-se de pronto, fitando o rosto venerável de Zazi, que então virou sua face para o céu que anunciava a tempestade.

Ladeando Zazi, sem mais arrastar os pés, pai Francisco caminhou para uma trilha verde que surgira por entre as nuvens da tempestade, que começava a se abater sobre o mundo.

Quando a chuva pesada caiu sobre a Fazenda Santa Maria, os escravos fugiram para a senzala deixando Leonardo gritando tolamente, até que um trovão o fez agachar-se em meio à lama. Amparado por André, que conseguia controlar seu medo, ele foi levado até o alambique.

Ninguém, porém, viu pai Francisco estirado ao lado da estrada e nem deram falta do ancião até o dia seguinte, quando Paulo e Simão, com André e João, encontravam o corpo mirrado do antigo escravo. Os capatazes, assim como os escravos, permitiram que lágrimas discretas rolassem por seus rostos duros.

— Boa jornada, velho — disse Paulo, com um sorriso.

Cheios de respeito, os quatro homens carregaram o corpo de pai Francisco, e grande foi a comoção da senzala e das famílias dos capatazes. Quitéria e Filomena, com a permissão de Leonardo, saíram da casa-grande com Maria do Rosário no encalço delas e limparam o corpo do negro.

Padre José, verdadeiramente constrito, pois respeitava a sabedoria de pai Francisco, fez sentida prece, pedindo a Deus que aceitasse o velho escravo em seu

Reino, ainda que em um lugar modesto e próprio para um escravo de valor.

Quitéria, então, percebeu o semblante feliz do antigo amigo e, finalmente, lágrimas rolaram pela face fundamente marcada da velha escrava. Murmurando aos ouvidos de pai Francisco, Quitéria se despediu com as palavras de sua tribo.

— Vá, pai Francisco — disse ela com a voz embargada e somente Maria do Rosário e Filomena puderam ouvir, embora pouco compreendessem —, descanse, meu irmão de jornada. Mas volte para nos guiar nessa terra de lágrimas!

Nenhum negro ousou ir em direção ao trabalho enquanto pai Francisco não fosse sepultado, nem nenhum capataz pensou naquilo. Leonardo, achando que se tratava de uma revolta, tomou sua pistola e atirou.

— Anda, negrada — gritou o jovem —, para o trabalho!

Os olhares dos escravos se voltaram ferozes para o jovem senhor, que não percebeu o perigo que corria. Jorge, que a tudo assistia e estava mais próximo de Leonardo, discretamente se afastou.

— André — disse a voz altiva de dona Mariana, cuja bainha da saia estava suja de lama — enterre pai Francisco no cemitério dos escravos e permita aos negros chorarem por ele. Padre José fará uma missa em intenção daquele que se dedicou à fazenda!

Leonardo fitou sua mãe, visivelmente mais espantado do que todo o povo de Santa Maria. Com um gesto, a esposa de dom Fernando convocou seu filho, e ambos seguiram para a casa-grande em silêncio.

Os negros se entreolharam, pois estavam estupefatos com a súbita bondade de dona Mariana, habitualmente implacável. Nem quando Tião morrera havia acontecido uma folga para os capatazes e eventuais amigos velarem o morto.

— Dona Mariana sabe de nossa força — disse Daren a Camilo e Serafim, enquanto padre José pedia a João para se adiantar com dois escravos e abrir a cova para pai Francisco. — Ela teme! É nossa hora!

— Não vou fazer nada que não seja enterrar meu amigo — volveu Serafim, que se tornara agora o escravo mais velho da fazenda, depois de Quitéria. — Pai Francisco não aprovaria.

— Ele está morto — insistiu Daren, com ferocidade.

— Morto é todo aquele que se recusa a ver que a liberdade do espírito é a verdadeira — disse Serafim, demonstrando que aprendera muito com pai Francisco.

Sob orações de diversas línguas, pai Francisco foi depositado na cova rasa onde os escravos mortos eram postos. Flores do campo foram colocadas pelas mulheres, formando uma bela cama para o corpo frio do amado negro. O ar, renovado pela tempestade, estava fresco e se podia ouvir os pássaros cantando. Uma doce alegria invadiu a todos ali que, então, cantaram. Sabiam que pai Francisco estava na Terra Verde com os seus. Ele era agora um velho sábio, um dos ancestrais. Todos sabiam que o liberto voltaria para ajudá-los.

# Capítulo 20

— Você está louco em fomentar revolta! — disse Maria do Rosário a Daren, enquanto os outros escravos se dirigiam à lida inclemente após o enterro de pai Francisco. — Acha mesmo que venceríamos?

— Sim — disse o outro. — Acha que os capatazes ofereciam resistência a nós? Somos em maior número. Iríamos para os sertões e reinaríamos como reis!

— Você não quer viver em paz — disse Maria do Rosário com um fio de voz. — Você quer dominar. Você ama a guerra, igual aos brancos!

— Eu amo você! — disse Daren abraçando Maria do Rosário atrás de uma aroeira, que costumava ter parte de sua casca removida para fazer mezinhas.

— Temo por você, Daren — insistiu a moça, após sucumbir ao beijo do amado —, agora que pai Francisco se foi, nada o impedirá de tentar fugir.

Daren soltou a cozinheira. Seu semblante tornou-se novamente carrancudo. Seus olhos fitaram o céu ensolarado. Por algum tempo, ficaram assim até que Filomena chamou pela companheira mais jovem.

Naquele dia, Jorge provocou Daren, que tentou golpear o outro com sua enxada. Detido por Serafim e Camilo, o escravo foi levado a ferros e chicoteado, sob o olhar divertido de Jorge.

Alheia a tudo, Maria do Rosário carregava uma jarra com um litro de leite que recolhera. Seus pensamentos iam longe, todos voltados para seu amado. Sentia que perderia também Daren.

Chegando à cozinha, a moça encontrou Tomás. O menino fora enviado para chamá-la. Ao ver a criança, que crescia muito rápido e já realizava tarefas mais duras e não mais ajudava José Antônio, a escrava soube de que se tratava do homem que amava.

Avisando vó Quitéria, Maria do Rosário foi depressa até a senzala onde Daren estava acorrentado. Seus olhos estavam inchados e suas costas repletas de cortes feitos pelo chicote. Maria da Penha estava já com mezinhas para ministrar ao escravo, e, as duas, em silêncio, trataram das feridas sob o olhar do capataz João, que havia se casado recentemente com Maria Antônia, que permaneceu escrava.

— Esse escravo tem que ficar no lugar dele — disse João —, senão apanhará mais. Que ele dê graças a Deus por Tião ter morrido. O velho feitor não era brando como André ou mesmo como eu.

Terminando de cuidar de Daren, Maria do Rosário encerrou com uma prece e rumou para a casa-grande, deixando Maria da Penha zelando pelo homem ferido.

— Não faz nem um dia que pai Francisco morreu, e as coisas estão piorando — disse Maria do Rosário a si mesma, enquanto seus dedos apertavam o rosário. — Não sei o que fazer...

Enquanto dizia aquilo, em tom quase imperceptível, um vento fresco veio subitamente e acariciou seu rosto jovem e marcado. Tal frescor afastou os pensamentos sombrios de seu peito, e Maria do Rosário soube que a resposta já habitava em seu coração.

Quando a escrava retornou à cozinha, Filomena, cantarolando um hino de Santa Bárbara, entregou duas grandes panelas para ela lavar. A tristeza da velha escrava fora substituída por uma inabalável alegria. As duas cativas, juntas, continuaram seus afazeres, entoando hinos dos santos que tinham aprendido com padre José.

Por três dias, Daren ficou acorrentado, bebendo somente água e comendo cana com farinha. Em todas as madrugadas, Maria do Rosário tinha ido ver seu amado. Por fim, André colocou Daren em seu posto, e o olhar feroz do escravo estava sempre pousado no altivo Jorge, que passara a agir com mais desenvoltura, angariando muita influência com os escravos mais jovens. Se antes o fiel escravo de dom Fernando já contava com amigos, nos dias que se sucederam à morte de pai Francisco, quase todos os negros da senzala se filiaram à proteção que ele afirmava oferecer.

Maria da Penha, após ficar na tapera de Jorge contra sua vontade, foi dada a Silvano, um dos amigos do cruel escravo, com a anuência de dom Fernando. A promessa de Jorge ao senhor era que a paz entre os escravos seria mantida.

Quando soube do acontecido com a amiga, Maria do Rosário orou fervorosamente a Dandalunda, e as palavras de sua mãe e de capitão Rodrigo voltaram à sua mente. De longe, a cozinheira viu o rosto ferido de Maria da Penha, resultado da ferocidade de Silvano, e retornou a seus afazeres.

Por fim, Camilo, Serafim, e Daren acabaram isolados dos escravos, ainda que o segundo fosse alvo de respeito dos demais por conta de sua prudência e idade. Por conselho de Serafim, Daren passou a andar sempre acompanhando o mais velho, ainda que a contragosto.

Assim foram os dias que sucederam a morte de pai Francisco, onde a união pacífica entre os escravos fora substituída pelo uso da força bruta e de alianças que envergonhariam os ancestrais. Quando a morte de pai Francisco completou o terceiro mês, o filho de Leonardo e Cecília nasceu aos berros, naquele reino de dores e crueza.

# Capítulo 21

Satisfeito, dom Fernando, antes mesmo de Leonardo, ergueu seu neto. O senhor cheirava à cachaça, mas suas mãos eram firmes, e nenhuma atenção ele deu à mulher que gerara a criança. Exaurida, Cecília resfolegava violentamente. O parto, segundo Quitéria e Filomena, fora muito perigoso e mais demorado que de costume. A jovem senhorinha perdera bastante sangue, e, dona Mariana, mais de uma vez, berrara com a nora para gritar menos. Dom Fernando ameaçara as parteiras, que assistiam um caríssimo médico trazido de Olinda, de morte no tronco, caso a criança morresse.

Assim Eduardo chegou ao mundo, após toda uma tarde, avançando pela noite e, finalmente, berrando sua chegada ao alvorecer. Quando as coisas acalmaram, Cecília e o quarto foram limpos, e padre José oficiou uma missa de ação de graças. Dom Fernando foi até a cozinha onde as exaustas escravas ainda trabalhavam.

— Vocês fizeram um bom trabalho — disse o senhor de Santa Maria. — Jandira as preparou bem, e sei que apelaram a seus deuses pagãos para salvar meu neto e minha nora — a feição do português era dura —, mas não me importo nem um pouco com isso. Por conta dos bons serviços, liberto vocês, Quitéria e Filomena. Dou a alforria e passarão a viver em uma tapera perto daqui. Acabei de mandar João construí-la junto ao depósito. Quanto a você, Maria do Rosário, lhe darei isto.

O senhor da fazenda deu à cozinheira uma pequena imagem de nossa senhora, entalhada em madeira e ricamente pintada. Era um objeto caro e que jazia guardado em algum baú. A moça, de cabeça baixa, tomou o objeto e agradeceu.

A passos duros, dom Fernando se retirou deixando as mulheres junto às panelas.

— Nós duas livres — disse Filomena, espantada. — Duas velhas. Para onde iríamos?

— Para junto do galpão — riu vó Quitéria sentando-se no banco —, onde já passamos a vida inteira.

— Por que vocês não voltam para nossa terra, além-mar? — indagou Maria do Rosário, com ingenuidade.

— Atravessaríamos de novo o mar, cavalgando aqueles monstros de madeira e sofrimento! — exclamou Filomena, com lágrimas nos olhos. — E como íamos encontrar nossa terra?

— Não há nada mais para nós, Maria do Rosário — asseverou Quitéria —, a não ser a Fazenda Santa Maria. Só muda, na verdade, o tamanho de nosso cativeiro. Apenas isso.

Filomena enxugou suas raríssimas lágrimas. De mãos dadas, as três cozinheiras elevaram seus pensamentos pedindo forças aos antepassados.

Era alta madrugada, e todos na casa-grande dormiam. Eduardo ressonava alheio a tudo. O pequeno era

**116**

assistido por uma escrava que chegara naquele mesmo dia, chamada Chica, para cuidar dele e alimentá-lo com seu leite. Maria do Rosário estava acordada e se esgueirou pelos caminhos que levavam para longe da morada de dom Fernando. O céu sem lua era iluminado apenas pelas estrelas, mas mesmo que não houvesse luz alguma, a escrava conhecia o caminho de olhos fechados.

Com um pedrisco, a cozinheira despertou Daren, que se aproximou da amada, ficando apenas separados pela espessa porta de madeira escura.

— Vim te ver — disse Maria do Rosário alisando a madeira escura que a separava do amado.

— Trouxeram ao mundo mais um monstro — rebateu Daren, com azedume. — Deveriam tê-lo deixado morrer, bem como a mãe.

— Uma criança não tem culpa, Daren — argumentou a outra.

— Mas logo aprenderá a ferir — disparou Daren.

— Vocês têm conversa melhor do que isso — disse Serafim levantando-se. — Em vez de falarem dos outros, falem de vocês, uai.

Daren sorriu. Seus dentes alvos pareciam ter luz própria, realçando ainda mais os dois incisivos que faltavam na frente. Do outro lado, Maria do Rosário também sorria.

Outros escravos despertaram. Eram todos, por medo ou não, submissos a Jorge, exceto Camilo e José Antônio. Os negros resmungaram e voltaram a dormir, exceto o homem que fora salvo por Maria do Rosário e que a amava sem ser correspondido.

— Na minha tribo, os mais velhos abençoavam os jovens que se casavam — disse Serafim. — Pai Francisco não teve chance para isso. Vê esse buraco, Daren?

Serafim apontou um buraco na parede da altura da cabeça da maioria dos escravos ali. Era uma passagem de ar. Orientado pelo negro mais velho, Daren passou o braço esguio e seus dedos encontraram os de Maria do Rosário. Vendo aquilo, uma lágrima correu no rosto de José Antônio.

— Nzambi tudo criou — disse Serafim, murmurando solenemente. — A terra, o mar, as plantas, os bichos e o homem. Estes primeiros homens se tornaram nossos grandes ancestrais que, como o Criador, também têm muitos nomes e rostos. Os grandes ancestrais nos ensinaram as Leis do Criador, e uma delas é sobre a união de um homem e uma mulher. O casamento deve ser feito mediante uma troca, uma negociação para que se forme riqueza — a voz de Serafim ficou vibrante, ainda que incapaz de despertar novamente os escravos. — E como somente o sentimento que um tem pelo outro é toda posse que vocês têm, que seja o amor posto no lugar onde antes púnhamos bois e cabras, pois, embora as tradições sejam para preservar a tribo, novas podem ser feitas, para novos tempos. Amem-se. Respeitem-se. Vivam nesta terra de lágrimas, certos da bonança da Terra Verde. Que a força do amor de vocês dois traga a Terra Verde para dentro de vocês enquanto viverem e que Nzambi os abençoe!

Emocionado, Daren soltou a mão de Maria do Rosário. Ajoelhando diante do homem mais velho, que adquirira um brilho no olhar, o escravo saudou o ancestral que por ali passara por intermédio do ancião. Do outro lado, Maria do Rosário orava fervorosamente. Em silêncio e protegida pela noite, a jovem regressou a seu leito, sob o olhar atento de Filomena, enquanto Quitéria roncava pesadamente.

# Capítulo 22

Os dias foram venturosos na Fazenda Santa Maria. Daren passava os dias com a mesma alegria que tinha quando se descobrira enamorado por Maria do Rosário. Dom Fernando e Leonardo tinham melhorado a disposição para com os escravos, e o senhor ordenara a abertura de novos roçados para alimentar o povo da fazenda.

O pequeno Eduardo crescia vigoroso sob os cuidados de Chica, que fora apartada do próprio filho, um mestiço que provocara escândalo na vila por ser filho de um comerciante amigo de dom Fernando. Mas a criança, logo que começou a se sentar, pedia, com seus grandes olhos negros, por Maria do Rosário, para desgosto de dona Mariana. A senhora, por sua vez, tornava-se cada vez mais repetitiva, a ponto de padre José procurar passar seu tempo percorrendo as fazendas, mesmo já sentindo o peso da idade nas costas.

Leonardo, por sua vez, procurava Maria do Rosário muito pouco, mesmo ela vivendo sozinha no quartinho que lhe servia de cela. A imagem que seu pai dera à escrava o incomodava tanto quanto o rosário no pescoço da cozinheira.

Fazia muito calor, típico de janeiro, e Maria do Rosário foi colher algumas ervas com a permissão de Cecília, que tentava governar a casa para desafiar a sogra. Distraída, a cozinheira se viu no mesmo lugar onde ela, Daren e pai Francisco haviam se despedido de Jandira. Ao se dar conta de que estava ali, os olhos da negra marejaram.

— O que foi? — disse uma voz que fez Maria do Rosário virar-se para trás com um sorriso.

— Banzo por Jandira — respondeu a mulher abraçando o amado.

— Jandira está bem — retrucou Daren com seu sorriso furado. — Ela e o velho estão tomando conta de nós.

— Você está mudado mesmo — disse a cozinheira beijando Daren —, finalmente.

— Mudado, mas não dobrado — disse Daren, cedendo aos beijos da moça. — Um dia hei de ir para uma terra de paz contigo e, se puder, com Serafim e Camilo. E carrego até Zé Antônio!

— Você está longe da lida — percebeu a moça subitamente. — Se virem você comigo, será chicoteado.

— Fui mandado aqui por André — respondeu Daren, satisfeito. — Vim pegar duas pedras para assentar um mourão.

— Ora, não tinha pedra por perto? — indagou a moça.

— Não sei o que deu no feitor, mas não reclamei — riu o escravo. — Você está reclamando?

Mais uma vez, os escravos se beijaram, e o mundo ao redor deles desapareceu. Sentiram a bonança idílica da Terra Verde envolvê-los e nada mais importou.

Cantando, Maria do Rosário regressou com as perfumosas ervas em suas mãos calejadas. As velhas cozinheiras se espantaram com a alegria da jovem e não quiseram estragar o momento, raro, da moça.

Daren, por sua vez, trouxera duas grandes pedras, chamando a atenção de todos por conta da façanha. Ele mesmo as assentou e ainda ajudou a pôr o grande poste que daria origem a outro barracão.

— Onde esse jovem arranjou tanta força? — murmurou Camilo a pai Serafim. — Parece mais forte que Jorge!

— Do alto, meu *kamba* — respondeu pai Serafim ao outro, chamando-o de companheiro em sua língua natal. — É do alto que vêm todos os bons sentimentos, dentre eles o amor.

Em seu canto, Jorge mantinha seus olhos fixos em seu adversário. A alegria de Daren o incomodava imensamente, e isso precisava acabar o quanto antes. Na mente do cruel escravo, um maligno plano floresceu.

Naquela noite, na senzala, Jorge reuniu suas mulheres. Nuas, as concubinas do cruel escravo foram exibidas diante dos que ficavam presos no infame galpão. Em vão, João ordenou a Jorge que as recolhesse. As três mulheres, trêmulas, se encolhiam, enquanto seus filhos eram enxotados pelo próprio pai.

— Olhem, escravos! — gritou Jorge, cheio de escárnio. — Olhem o que vocês não têm!

— Chega! — gritou João de facão em punho. — Mulheres, pra dentro de casa!

122

Mas elas encolhiam-se mais e mais, imóveis. Os escravos observavam as mulheres de Jorge, desejando-as. Daren, Camilo e pai Serafim baixaram os olhos.

— Olhe, Daren, seu animal — provocou Jorge —, nunca terá uma assim! Acha mesmo que vai ter em seus braços a Maria do Rosário? Tolo!

Um chicote estalou. André havia chegado com mais três capatazes e Leonardo. Os cães de fila rosnaram para as aparvalhadas mulheres, enquanto pai Serafim ordenava aos negros para entrarem na senzala. Daren ergueu seu rosto em desafio a Jorge e sorriu.

— Ponham Jorge a ferros! — ordenou Leonardo, que havia algum tempo vinha se incomodando com as atitudes do cruel escravo. — E botem essas mulheres dentro de casa! Chega de arruaça!

O bando de crianças foi disperso, e as escravas correram para a grande tapera que Jorge havia construído. O escravo, vendo a expressão de triunfo de Daren, avançou na direção dele, mas o chicote de André se enrolou em suas pernas fortes. Contido com dificuldade pelos capatazes, Jorge foi levado ao tronco, porém não foi chicoteado.

— Meu senhor, me perdoe — disse Jorge a Leonardo. — Sou um escravo bom e fiel. Fui provocado. Fui atiçado por Paulo, que só quer ser chamado de Daren. A culpa é dele!

— Cale-se, escravo — ordenou o filho do senhor, que sabia da importância daquela peça na lida diária —, cale-se ou o chicotearei e porei na senzala.

Jorge observou os grilhões que o atavam ao terrível tronco. Suas pernas tremeram. Jamais tinha sido posto ali, e a vergonha o tomou pela primeira vez desde quando chegara do além-mar, ainda criança. Lágrimas vieram ao seu rosto e se perderam na vasta barba que cultivava. Não entendia como fora parar ali, mas culpava a Daren por seu infortúnio.

Na senzala, Daren cantava em triunfo. Camilo o acompanhava, e pai Serafim estava deitado, em silêncio, como os demais. O velho escravo sabia que aquilo iria resultar, cedo ou tarde, em mais lágrimas amargas.

No dia seguinte, Jorge foi solto, mas dom Fernando, que regressara da vila pouco depois do desjejum, retirou três das mulheres, cheias de marcas no corpo, e alguns filhos que teimavam em viver, e as encerrou na pequena senzala que construíra para as mulheres. Para a tristeza do escravo, apenas a mais velha, Helena, permaneceria com ele. A escrava mestiça, muda e manca, lançou algumas lágrimas no solo e resignou-se.

## Capítulo 23

Maria do Rosário trazia de volta o balde de excrementos dos senhores que tinha ido lançar em um córrego que desembocava no Rio das Pedras. Sentia o calor a assolar seu corpo de forma diferente. Nos últimos meses, percebera que engordara e que seu apetite aumentara, pois se acostumara a repetir o angu que Filomena fazia com miúdos de frango.

Foi pensando no angu feito pela cozinheira mais velha que Maria do Rosário adentrou a cozinha. Um súbito enjoo a fez derrubar o balde e parecia que seus pés perderam o chão. Antes que ela caísse, mãos firmes a mantiveram de pé e, rapidamente, a moça foi posta em um banco.

— Eu bem que suspeitava, Maria do Rosário — disse Quitéria abanando a companheira com as mãos —, percebi que ganhava barriga, mesmo embaixo desses panos.

Maria do Rosário, que tantas vezes vira gravidez nas mulheres da fazenda, foi pega de surpresa. Como não percebera antes? E como ousava por uma criança no mundo?

— Daren ... — balbuciou a jovem.

— Ele vai ficar furioso — disse Quitéria. — Ele vai tentar matar o sinhozinho Leonardo!

— Não, Quitéria, Daren é o pai — volveu Maria do Rosário. — Tenho certeza.

A indagação estava na face marcada da anciã. Quitéria, no entanto, não queria prolongar aquele assunto ali, dentro do lar de dona Mariana, temida por trucidar as escravas que geravam bastardos de seu marido.

— Dona Mariana vai matar você achando ser um filho de dom Fernando — sussurrou a velha. — Valei-me Deus!

Filomena e Chica entraram na cozinha. Estavam arrumando a casa e, naquele momento, dona Mariana brincava com o risonho Eduardo sob os olhares de Cecília. Dom Fernando e Leonardo estavam, novamente, em Olinda, e Jorge estava com eles, assim como João e alguns capatazes.

Mais à noite, Filomena soube da gravidez de Maria do Rosário e a mulher balançou a cabeça riscada por fios brancos. Depois de alguns momentos de silêncio, Quitéria apertou os dedos nodosos.

— Jandira, certa vez, me ensinou a reconhecer algumas ervas que fazem deitar crianças fora do ventre da mãe — sussurrou a mais velha das escravas.

Inconscientemente, Maria do Rosário alisou o ventre. Filomena assentiu, concordando com Quitéria.

— Uma criança era chamada de bênção em minha tribo — disse Filomena, cujos filhos morreram havia muito tempo — mas nessa terra de lágrimas...

**126**

— Nós não pusemos Eduardo no mundo, quando o médico não sabia mais o que fazer? — retrucou Maria do Rosário num rompante. — Por que a cor da pele determina quem pode ser bênção ou não?

— Filha — disse Quitéria com sua voz arrastada —, se Eduardo morresse, seríamos mortas lentamente no tronco, ou pior. Não podemos ficar pensando no por quê de um ser branco e o outro preto. Seu filho vai despertar a fúria de dona Mariana sobre você. A consequência disso será a fúria de Daren. Acha que ele se deteria se visse você ser chicoteada até ser transformada em uma massa de carne, como aconteceu com a última pobre coitada que gerou um bastardo de dom Fernando?

Lágrimas correram pelo rosto de Maria do Rosário. Sabia que as cozinheiras queriam salvá-la, e também a Daren. Mas aquilo lhe soava muito errado. Como ir contra um fruto de amor enviado por Nzambi e Dandalunda?

— Estou muito velha para sair por aí — continuou Quitéria —, e Filomena também não pode sair, pois despertará a curiosidade de todos. Você, filha, terá de ir buscar as ervas.

"Não bastava tomar a mezinha mortal, mas também buscar seus elementos", pensou a jovem, sentindo um imenso vazio dentro de si. A jovem cozinheira concordou em silêncio. No entanto, naquela noite, não teria tempo para buscar as ervas, pois precisavam temperar o leitão que Felipe e Camilo tinham abatido.

No dia seguinte, após uma noite repleta de pesadelos, Maria do Rosário foi limpar a capela, pois Rute estava grávida novamente e pesada demais para aquele serviço. Seria, se vingasse, o sexto filho que poria naquele mundo abrasador e triste.

Padre José estava lá, em silenciosa oração. O velho sorriu ao ver a escrava e se levantou, agora apoiado por sua bengala.

— Padre — indagou a cozinheira —, já vi muitas crianças aqui na fazenda morrerem abraçadas às suas mães. Para onde suas almas vão?

Pegando uma toalha, padre José secou a calva. Observou o altar e depois a mulher a quem presenteara com um simples rosário.

— Elas vão para o seio de Deus, filha — respondeu o sacerdote. — Alguma criança morreu?

— Não, senhor, mas essa pergunta me pegou hoje mais cedo — despistou Maria do Rosário.

Por todo o dia, Maria do Rosário permaneceu na capelinha. Orava a Maria Santíssima por auxílio e sentia o peso do olhar da imagem. Vez ou outra percebia que a feição da pequena estátua tornava-se mais escura. Padre José, por sua vez, ressonava em um dos bancos, evitando a presença de dona Mariana.

— Mãe, ajude-me! — balbuciou a cozinheira, de joelhos, diante do altar.

— Tudo, neste mundo, é imbuído de propósito — disse uma doce voz, que soou como se fossem as ondas do Rio das Pedras batendo nas rochas. — De Deus só vem o amor, a bondade. Seus filhos, por orgulho, corrompem esses sentimentos. Não seja você mais uma a corrompê-los. Aceite tudo com paciência e resignação para a vitória ser saborosa.

Maria do Rosário entendera o recado.

## Capítulo 24

Com ar resoluto, a cozinheira regressou à cozinha, e as duas libertas entenderam que Maria do Rosário não iria pôr fora a criança. Suspirando de resignação, a velha Quitéria rumou para o salão para tirar o pó, enquanto Filomena descascava a mandioca para a próxima refeição.

Em uma manhã chuvosa, poucos dias após Maria do Rosário ter ouvido as palavras de sua protetora, dona Mariana gritava furiosamente com Cecília. A esposa de dom Fernando achava que sua nora não vigiava adequadamente o filho, deixando-o quase integralmente aos cuidados de Chica. A jovem, com lágrimas nos olhos, foi acuada contra a parede até que, por fim, gritou e empurrou a senhora de Santa Maria e correu para seus aposentos, proferindo uma série de xingamentos.

Os homens da casa-grande estavam no alambique verificando o envase da cachaça que seria enviada para Salvador e não faziam ideia do que acontecia. Muitos dos escravos mais habilidosos faziam aquela tarefa, enquanto outros cuidavam dos roçados e dos muitos bois que a fazenda possuía.

Na casa-grande, dona Mariana fitou tudo a seu redor. Sentia-se velha e desafiada pela jovem nora, que sutilmente governava as escravas. Cecília achava a sogra incapaz de administrar a casa, e aquela disputa incomodou padre José a tal ponto que o velho sacerdote preferia ficar na capela ou percorrendo as fazendas, coisa que jamais apreciara. Nem dom Fernando procurava mais a esposa, permanecendo unicamente com sua jovem amante na vila, ou, então, com alguma escrava. Dona Mariana, concluiu, enfim, que precisava fazer uma demonstração de poder, pois percebia que não era mais tão temida pelas "peças" de seu próprio reino.

Com a garganta seca, a matrona resolveu ir até a cozinha, lugar que não apreciava muito devido às lembranças de sua infância, sob o jugo implacável de sua mãe, preferindo chamar Filomena e ordenar, de onde estivesse, os assuntos referentes à alimentação da família. Com passos silenciosos, a mulher amargurada encontrou as três escravas concentradas em seus afazeres. "Duas velhas e uma jovem que, certamente, fora possuída por meu marido", pensou dona Mariana. Demoradamente, seus olhos pousaram na jovem negra que estava no auge de sua beleza física. A senhora da fazenda sabia que Jorge diversas vezes pedira Maria do Rosário, até mesmo o finado Tião, mas dom Fernando sempre a negara aos outros.

Com um frio súbito percorrendo sua coluna, dona Mariana percebeu o inchaço no ventre da escrava que era admirada por todos na fazenda e que era chamada de Maria do Rosário.

Instintos ainda mais sombrios do que aqueles que fizeram a mulher ultrajar a nora tomaram conta de dona Mariana bem no exato momento em que Maria do Rosário se virou e notou a presença da senhora.

— Você está prenhe, peça imunda?! — vociferou dona Mariana, agarrando a escrava pelos cabelos com força e fúria. — Está com um bastardo no ventre, sua porca?

Enquanto Filomena gritava de desespero, instintivamente Quitéria tentou livrar a companheira das garras férreas da senhora, mas, rapidamente, os anos de submissão se fizeram presentes e, em silêncio e com lágrimas nos olhos, a velha negra apenas contemplou a loucura de dona Mariana.

Belarmino, o velho capataz que permanecia nos arredores da casa-grande, chegou à porta da cozinha. O mestiço já sabia o que acontecia. Brandindo seu chicote, afastou as cozinheiras mais antigas, abrindo mais espaço para a fúria enlouquecida de dona Mariana.

Maria do Rosário, por sua vez, tentava libertar-se de seus grilhões de ossos, tendões e raiva, mas não revidava as agressões da senhora da fazenda. Com força inexplicável, dona Mariana jogou a escrava no chão. Rápida, a esposa de dom Fernando tomou o chicote de Belarmino e chicoteou a escrava diversas vezes.

— Acha mesmo que vai parir um senhor de engenho? — indagou dona Mariana com um sorriso medonho.

Maria do Rosário recebeu outras chibatadas. Com um gesto da senhora, Belarmino agarrou a cozinheira e a levou para o tronco que ficava no terreiro atrás da casa-grande. Com firmeza, o capataz, que muito respeitava a moça, a prendeu ao tronco. Cecília tinha ouvido os gritos e saíra de seu aposento com Chica em seu encalço e o pequeno Eduardo em seus braços robustos.

Com as próprias mãos, dona Mariana rasgou as vestes simples de Maria do Rosário e deixou-a nua sob os olhares das crianças e mulheres que tinham sido atraídas pelos gritos histéricos que vinham do local. A escrava, em desespero, voltou seus olhos para o céu e chamou por Dandalunda e por Maria.

O chicote, mais bem manejado por conta da frieza e crueldade de dona Mariana, abriu profundos talhos nas costas da negra. Suas pernas e seus braços foram rasgados com violência. Maria do Rosário gritava sob os olhares estarrecidos da gente que estava ali e muito a respeitava.

O rosto e o vestido de dona Mariana ficaram salpicados de sangue rubro. Belarmino, percebendo que a escrava seria morta, segurou o braço de dona Mariana.

— Vai matar a peça, sinhá! — gritou o mestiço.

— Ah, se vou — gargalhou dona Mariana —, e lhe mato também, mestiço, se puser a mão em mim novamente!

Ouvindo aquilo, Maria do Rosário não mais suportou as dores atrozes e seu corpo pendeu, preso pelas correntes que cortavam fundamente seus pulsos. Ainda recebeu algumas chicotadas até que, por fim, dona Mariana jogou o chicote no chão. Rindo, a mulher regressou à casa-grande.

Quitéria e Filomena, sem autorização, foram até a escrava transformada em uma massa de carne e sangue. Acharam que a jovem morrera, mas um tênue arfar mostrou a elas que a cozinheira ainda vivia.

— Solte-a, Belarmino — disse Quitéria.

— Não recebi ordem da sinhá — respondeu o capataz, trêmulo.

— Solte Maria do Rosário — ordenou a mais velha dos escravos — ou há de padecer no fogo do inferno!

Relutante, o capataz soltou a moça, que foi carregada para a tapera das duas cozinheiras libertas. Um mau presságio acometia tanto Quitéria quanto Filomena. Uma desgraça ainda maior estava a caminho.

# Capítulo 25

Tomás montara no burro que ficava à disposição do capataz e partira para o campo. Deveria, por ordem de Filomena, avisar a dom Fernando que a esposa dele, mais uma vez, espancara uma escrava. O menino, no entanto, ficou para testemunhar Maria do Rosário ser presa ao tronco e chicoteada. Quando, por fim, partiu, lágrimas corriam em seu rosto jovem e sofrido pela vida dura na Fazenda Santa Maria.

Ele encontrou alguns escravos roçando a plantação de mandioca, que havia sido ampliada alguns meses antes. João velava por eles com um dos grandes cães de fila, o velho Trovão, que fora de Tião.

— Daren! — gritou Tomás, desesperado — mataram Maria do Rosário! Mataram Maria do Rosário no tronco! Ela estava prenhe de dom Fernando!

Daren, que era amigo do jovem Tomás, ouviu as palavras do menino. Todos que lá estavam também o ouviram. Um pesado silêncio se abateu no roçado. Galopando, Tomás seguiu para o alambique para avisar dom Fernando e Leonardo sobre o ocorrido.

O homem que amava Maria do Rosário não sentiu o peso da enxada em suas mãos. Tudo girava e queimava à sua volta. Novamente, a dor da perda. O desespero. Gritando, o homem que recebera e rejeitara o nome de Paulo, ergueu sua ferramenta. Outros acompanharam o brado. Avançando contra João, que mal tivera tempo de sacar seu facão, Daren quebrou o braço do capataz com um único golpe com o cabo da enxada.

Simão, que também amava Maria do Rosário, cravou a lâmina de sua ferramenta no pescoço de Trovão, que caiu mortalmente ferido, ganindo terrivelmente. Sem olhar para os lados para ver quem o seguia, Daren correu para a casa-grande e, em seus olhos, a loucura estava instalada. Junto dele iam Simão, Jonas e Camilo.

Tomás, alheio a tudo, chegou ao alambique e avisou a dom Fernando sobre a sorte da escrava. Abrindo a boca em mudo espanto, o senhor ouviu do menino a acusação que a esposa fizera sobre a paternidade da criança que a escrava esperava. Sacando sua pistola, o senhor da fazenda abateu Tomás com um tiro na cabeça diante de todos que estavam lá.

Pai Serafim correu para junto do menino morto, sendo seguido por José Antônio. Jorge acompanhou dom Fernando, André e Leonardo, que montaram seus animais. O escravo montou no burro usado por Tomás sem nenhum sentimento pelo rapaz que era seu filho.

Nem tinham se afastado do alambique quando divisaram Luiz e José Pedro, escravos que estavam sob a guarda de João, e foram avisados da rebelião liderada por Daren.

— André — ordenou dom Fernando —, convoque todos os capatazes. Matem toda peça que se aproximar da casa-grande até a segunda ordem! — e em seguida se virou para Jorge: — mate esse escravo chamado Daren e te darei a liberdade! Esmague-o!

Dom Fernando esporeou seu burro e se dirigiu para a casa, sendo seguido pelo filho, enquanto André ordenava aos escravos que voltassem à senzala. Silvano, por orientação do feitor, agarrou pai Serafim e o amarrou ali mesmo, na moenda de cana.

Jorge, por sua vez, sentia o júbilo da vitória dentro de si. Finalmente a vingança de sua humilhação. Ganharia a liberdade por fazer algo que sonhava constantemente. Munido de seu facão, o negro incitou o burro para uma trilha fora da estrada principal e partiu em busca de Daren e do seu bando. Com ele, a pé, iam Silvano, José Pedro, Elias e Gabriel, seus homens de confiança.

Bem no momento em que Daren e seus companheiros chegavam às taperas onde os capatazes viviam com suas famílias, dom Fernando e seus homens chegaram à casa-grande. André gritava para que as mulheres entrassem na casa junto com as crianças. Era visível o medo na voz do feitor.

Dom Fernando e Leonardo entraram na casa, e os homens se espalharam. Belarmino, tremendo violentamente da cabeça aos pés, foi atrás do senhor do engenho para dar as explicações que lhe cabiam.

André ordenou que os capatazes reunidos verificassem os galpões e que dois ficassem à frente da senzala com as pistolas prontas para disparar.

Daren, percebendo que se atrasara, entendeu que não poderia vencer batendo-se frontalmente com a força de André. Sabia também que não poderia fugir de Santa Maria.

— Vamos recuar — disse Daren. — Na calada da noite, mataremos dom Fernando. Vamos nos esgueirar pelas janelas e entrar na casa-grande.

— Perdemos a chance — ponderou Camilo, recuperando o juízo. — Vamos fugir daqui.

— Não há fuga enquanto os senhores viverem — disse o líder. — Com dom Fernando e Leonardo mortos, os escravos irão derrubar o portão da senzala e sairão de Santa Maria.

—Você não quer libertar ninguém — retrucou Camilo. — Quer apenas vingar a morte de Maria do Rosário!

— Você também quer vingar Maria, não é? — volveu o outro. — Então faça o que estou lhe dizendo!

O grupo, então, recuou tomando uma capoeira que, momentos depois, foi devastada pelos capatazes. Tomando um caminho pouco usado, os rebeldes margearam um riacho que desembocava no Rio das Pedras. Sabiam que não podiam ficar parados e esperavam se esconder por entre as grandes rochas que nomeavam o grande curso d'água.

— Parados! — gritou uma voz, fazendo Daren e seus companheiros se virarem surpresos.

Jorge saltou do burro que montava, enquanto seus companheiros chegavam correndo. O mais forte dos escravos brandia o longo facão que ganhara de dom Fernando. Seu aspecto feroz e poderoso fez com que os seguidores de Daren tremessem. O rebelde, por sua vez, sorriu em desafio. Era uma cabeça mais baixo que Jorge e bem mais esguio. A enxada era sua arma, e o negro rebelde cuspiu no chão. Ele era um guerreiro, enquanto seu inimigo era apenas forte. E força, sabia Daren, não era tudo.

137

Jorge, com toda sua força e agilidade avançou contra seu inimigo, já via o crânio de Daren esmagado por suas mãos e ouvia a aprovação de seu amo. Daren não recuou, diferentemente dos outros. Gritando por Oiá, o amado de Maria do Rosário balançou rapidamente a tosca arma.

Rápido com o vento, Daren desviou-se da lâmina aguçada de Jorge, e, com um brado guerreiro, fez um arco com o cabo da enxada de baixo para cima. A lâmina da enxada chocou-se contra o queixo de Jorge, penetrando fundo em sua mandíbula.

Sufocando em seu próprio sangue, Jorge caiu pesadamente, enquanto Camilo, Simão e Jonas saltavam contra Silvano e o resto do bando de Jorge.

Debatendo-se no solo avermelhado e poeirento, Jorge tentava respirar, enquanto suas mãos fortes tentavam segurar o queixo destroçado. Daren pôs o pé sobre a cabeça do inimigo e esperou que ele parasse de se mexer. Jorge, o cruel escravo de dom Fernando, estava morto.

— Teria sido um grande guerreiro — disse Daren ao morto — se não tivesse sido reduzido a um animal de carga. E, provavelmente, seria eu que sufocaria no meu sangue nesse solo amaldiçoado.

Pegando o facão e a enxada caídos no chão, Daren se voltou para a luta que continuava. Viu quando Camilo teve a cabeça esmagada contra uma grande pedra pelas mãos de Silvano, enquanto os outros se engalfinhavam com os seguidores de Jorge.

— Somos todos escravos — disse laconicamente Daren. — Deveríamos lutar por liberdade e não entre nós!

Gritando novamente, Daren fitou o céu opalino e atacou os inimigos com toda sua ferocidade.

# Capítulo 26

Quitéria e Filomena, ajudadas por Rute, Maria da Penha e Maria Antônia, tentavam limpar os ferimentos da jovem cozinheira.

— Não morra! — gritava Filomena às lágrimas para Maria do Rosário. — Aguente firme!

Maria ouvia o apelo das amadas companheiras como um sussurro distante. Perdera muito sangue e o frio que sentia era imenso. Sabia que o espírito que era abrigado em seu ventre fora varrido para longe no exato momento em que os membros inferiores arquearam no tronco. Por entre suas pernas, um fluxo brutal de sangue escuro jorrou. Maria do Rosário queria morrer.

Vendo, do alto, as mulheres que cuidavam de seu corpo, Maria do Rosário sentia as lágrimas delas. Naquela terra de lágrimas, havia também as de amor. Até mesmo a dura Rute estava ali, ajudando no que podia. Com mudas palavras, a cozinheira despediu-se delas.

— Minha filha — disse uma dulcíssima voz —, há de desistir agora?

— Padeci muito nessa terra de lágrimas, Minha Mãe — disse Maria do Rosário. — Não suporto mais!

— Padeceu, é verdade — retrucou a mulher majestosa que surgia diante da escrava, e um manto azul celeste esvoaçava cobrindo todo o céu em luz safírica — mas muito aprendeu. E muito ainda precisa aprender. Tem muita ajuda a ofertar por meio de suas hábeis mãos. Será mãe de muitos, ainda que não venham de seu ventre!

— Não suporto mais! — insistiu a jovem.

— Você nasceu Kuetami — insistiu Mãe Maria — depois se tornou Maria Luiza. Começou a ascender como Maria do Rosário! Desistir agora é recomeçar na terra de lágrimas!

— Mas se eu não desistir, continuarei na terra de lágrimas! — exclamou a outra.

— Sim, é verdade — concordou a entidade — mas há de ficar menos tempo nela, se pensar na eternidade.

— Não entendo — resmungou a jovem.

— Entenderá! — sorriu Maria Santíssima, assumindo a forma de Dandalunda.

Veio, então, um homem de longa barba grisalha e com chapéu de aba larga. Maria do Rosário reconheceu imediatamente pai Francisco, robustecido e vivaz. Depois dele, entrando pela porta, Jandira, jovem e bela, em suas pinturas nativas e altivez. Eles olharam para a jovem e caminharam até ela. Gentilmente, os espíritos ladearam a escrava e tomaram seus braços.

— Volte, minha filha — disse o dócil pai Francisco. — Você tem muito amor para espalhar nesta terra.

— Volte, criança — emendou Jandira, com sua aspereza de sempre. — Volte para a terra de lágrimas, assim, quando chegar à Terra Verde, reinará sobre si mesma!

— Sim, eu voltarei — assentiu, finalmente, a moça. — Peço que estejam comigo!

— Nunca estivemos longe de você, filhinha! — riu pai Francisco.

— E meu filho? — indagou a cozinheira.

— Ele está bem — disse pai Francisco. — Se encontrarão um dia. Até lá, tomaremos conta dele. Agora, volte para a terra de lágrimas!

Maria do Rosário abriu os olhos, que recuperaram o brilho. Dores atrozes a fizeram gemer. Quitéria, dando graças a Deus, limpou o suor de sua testa marcada, enquanto Filomena e Rute louvavam a São Lázaro e a Kaviungo, inkice louvado em sua terra natal, na África.

Com cuidado, as mulheres enfaixaram os ferimentos da jovem e deram-lhe várias mezinhas fortificantes. A febre surgiu e foi debelada.

Quando, porém, mais calmas, tiveram a certeza de que Maria do Rosário escaparia da morte, as mulheres perceberam a confusão que tinha se instalado do lado de fora. Maria da Penha, mais ágil do que todas, saiu para saber o que acontecia, e, ao retornar, pasma, narrou a revolta de Daren.

Preocupada, Quitéria e Filomena trocaram olhares, percebendo que a intuição que haviam compartilhado estava se concretizando.

— Não falemos nada à nossa menina — balbuciou vó Quitéria —, pois ela pode piorar. Fiquemos aqui e chamemos nossos ancestrais para velarem por todos nós nesse reino de tristeza!

# Capítulo 27

Anoitecera. Tochas foram acesas e uma grande fogueira foi instalada ao lado do tronco. André contara os escravos, faltando apenas o bando de Jorge e os rebeldes de Daren. Nenhum dos dois grupos foi visto e havia quem dissesse que tinham se unido em prol de sua libertação do jugo de dom Fernando.

— Jorge nos traiu, meu pai — disse Leonardo sorvendo um copo de cachaça. — Confiar em peça dá nisso!

— Jorge está caçando — retrucou dom Fernando. — Ele é como um cão de fila. Incapaz de morder o dono. Eu o alimentei desde criança. Ele vai me trazer esse escravo selvagem.

Os cães se agitaram, e, um cheiro de fumaça tomou conta do ambiente, enquanto luzes eram avistadas por todos. Um incêndio consumia uma grande gleba do canavial, que ainda não estava apta para o fogo e seria destruída se algo não fosse feito. André e seus capatazes olharam para o senhor aguardando as ordens que ele lhes daria. Dom Fernando sabia dos riscos. Determinara que João, de braço quebrado, montasse guarda com alguns homens no alambique para proteger o lugar e espalhara os capatazes e seus filhos homens por entre as construções. Os rebeldes, encorpados ou não por Jorge e seu bando, viriam até eles.

As luzes no canavial ganharam força. A destruição estava sendo grande. O senhor do engenho ordenou a Belarmino e a Antenor irem até a gleba para verificar os estragos potenciais. Os capatazes, tomados de medo, precisaram ser ameaçados com o tronco caso não fossem. Acabaram cedendo e sumiram na noite, montados em fortes burros.

Leonardo, cansado, pediu permissão ao pai para entrar na casa-grande e descansar. Contrariado, dom Fernando consentiu. O senhor da fazenda fitou o rapaz, a quem chamava de "mole", e desejou que ele tivesse sido assassinado no lugar do seu favorito, morto anos atrás. Sem dúvida alguma, Manoel já teria varrido os campos e trazido a ferros os revoltosos e aplicado ele mesmo os castigos necessários à disciplina. Mas agora dom Fernando estava velho demais para gerar novos herdeiros e moldá-los à sua vontade, coisa que não fizera com Leonardo, deixando-o mais aos cuidados da mãe. Dona Mariana, por sua vez, fora surrada e se encontrava presa em seu aposento.

Circundando a casa, dom Fernando pensava em qual momento Daren viria, já que seria impossível fugir de Santa Maria sem antes assassinar os senhores, que moveriam imensos recursos para capturar os fugitivos. O senhor de engenho sabia que o escravo rebelde tinha aquele conhecimento. O fazendeiro sabia ainda que Maria do Rosário, vez ou outra, se encontrava com Daren na senzala, separados pelo portão de madeira.

Com uma ideia sinistra brotando em seu coração, dom Fernando ordenou a André que fosse buscar Maria do Rosário, viva ou morta. Os homens sabiam que as velhas cozinheiras tinham tirado a negra do tronco e levado para a tapera delas. Engolindo em seco, o feitor partiu com mais um homem, para buscar a moça que tanto considerava.

Abrindo a porta da tapera das libertas com força, André desembainhou o facão e apontou para as mulheres, que se encolheram.

— Deixe Maria do Rosário — implorou Filomena. — Ela mal respira!

— Ordens do senhor — respondeu André, num murmúrio. — São ordens! Não posso falhar, senão ele me mata! Ele matou o pobre Tomás com um tiro!

Rute gritou e caiu em um estado de choque, pois muito amava o filho, um dos poucos que sobreviveram à vida dura. Ela foi amparada por Quitéria e Maria Antônia. Estevão, um vigoroso e bruto capataz, que parecia ter algum atraso mental por conta de sua inteligência vagarosa, ergueu Maria do Rosário com facilidade, fazendo novas dores surgirem em seu corpo combalido.

— Perdoe-me, Maria — disse André —, mas estamos em guerra com Daren. Ele enlouqueceu!

— Deixe-me falar com ele — balbuciou a cozinheira. — Eu o farei parar.

— Sabemos que ele só vai parar quando estiver morto — asseverou o feitor. — Dom Fernando vai matá-lo.

— Daren é o tipo que não vai parar de lutar mesmo depois de morto — disse Filomena com voz sepulcral. — Hoje é uma noite perigosa por demais, feitor, portanto, cuidado com sua sina! Dom Fernando já traçou a dele!

Estremecendo, o feitor saiu, levando consigo Maria do Rosário. Enquanto era carregada, mais morta do que viva, a jovem pedia ajuda a Dandalunda e a todos os ancestrais que conhecia, ouvira falar e até aqueles a que desconhecia.

Dom Fernando, com asco visível, observou Maria do Rosário completamente destroçada. Irou-se por perder sua bela e aprazível peça, mesmo se ela sobrevivesse àquela noite funesta.

— Daren é o nome do animal, não é? — disse dom Fernando a André, que assentiu. — Então, Daren, seu bastardo! Onde está você? Estou aqui com a minha peça muito estimada por você! Venha pegá-la, escravo! Antes de matá-la, talvez eu a use novamente!

Dom Fernando sabia que aquilo, além de atingir a Daren, feria também o orgulho de dona Mariana, que ouviu o desafio que o marido fez ao escravo. Atrás de um arbusto, encolhido, Daren ouviu as palavras do senhor do engenho. Com ele, estava Simão, tentando ficar em uma posição mais confortável. Somente eles tinham sobrevivido à luta contra o bando de Jorge. Estavam feridos, cansados e famintos. Mas o desespero lhes dava forças.

Quando um dos capatazes se afastou de uma das janelas para ouvir o desafio de dom Fernando, Daren se adiantou e, em grande velocidade, escalou a parede até a alta janela e a abriu com facilidade. Saltando para dentro da casa-grande, ele não esperou que o companheiro se juntasse a ele. Esgueirando-se pelo corredor, o amado de Maria do Rosário viu Leonardo, na sala, sorvendo

**145**

sofregamente uma dose de cachaça. O jovem estava sozinho e parecia desprotegido.

Saltando por trás de Leonardo que, num átimo, se virou, Daren usou o facão que tomara de Jorge. Gritando, Leonardo caiu de lado com o rosto profundamente ferido. Lá fora, tiros foram disparados, e Simão caiu fulminado por dois balaços.

Erguendo novamente o facão, enquanto sentava sobre sua vítima, Daren invocou os ancestrais como testemunhas de sua vingança. Mas Leonardo não estava ainda derrotado e contava com a força que a juventude lhe conferia, enquanto seu adversário estava fraco e ferido. Conseguindo se livrar do peso do inimigo, o filho de dom Fernando tentou rastejar, com a cabeça coberta de sangue.

Novamente, Daren ergueu sua arma. Dom Fernando, em pessoa, surgiu no grande aposento. O senhor do engenho viu toda a fúria nos olhos do rebelde e seu filho rastejando para longe dali, deixando um rastro vigoroso de sangue.

Daren, notando a presença de dom Fernando, virou-se na direção dele. Saltando com grande agilidade, o negro baixou seu facão sobre o senhor de Santa Maria. Um estampido e uma língua de fogo se fizeram presentes.

A bala da pistola de dom Fernando se chocou contra o peito de Daren, fazendo-o estancar o ataque. Caindo de joelhos e com seus esguios braços pendendo ao lado do corpo, o negro fitou o senhor que desembainhava a espada com calma e um sorriso maligno no rosto. Daren, cego pelo sangue em seu rosto, gritava a plenos pulmões.

— Eu sou livre — esbravejou Daren em sua língua natal.

— Não, não é — retrucou dom Fernando na mesma língua, para a surpresa do negro.

Com um único golpe de espada, dom Fernando cortou a cabeça de Daren, que pendeu presa pela pele, banhando todo o piso da grande sala com seu sangue.

Largada no chão, diante do tronco iluminado pela grande fogueira, Maria do Rosário gritava por Dandalunda com seu rosário nas mãos trêmulas.

## Capítulo 28

Os mortos foram encontrados e enterrados na manhã seguinte. O lugar onde aconteceu o embate entre os bandos de Jorge e Daren ficou conhecido como o Campo dos Escravos, e ninguém passava por ali com alegria. Alguns diziam que podiam ouvir os gritos dos negros mortos e os sons de luta.

Leonardo ficou com uma horrenda cicatriz na face direita, que começava nos cabelos e ia até o queixo. Quase perdera o olho, e a pele que o circundava ficou intumescida e grotesca com o ataque de Daren.

Dom Fernando mandou embora o capataz que saíra do posto, mas não antes de, pessoalmente, chicoteá-lo no tronco. O senhor do engenho ainda mandou André colocar a cabeça de Daren diante do portão da senzala, para que todos vissem com ele tratava os rebeldes. A cabeça ficou exposta, aterrorizando a todos por vários dias, até que, por fim, André a enterrou a pedido do padre José, que chegou de viagem. Estarrecido, o sacerdote soube do ocorrido e foi proibido de realizar missa em nome dos rebeldes mortos.

Silencioso, o velho padre assentiu e somou-se às mulheres que cuidavam de Maria do Rosário, cuja dor pela morte do amado lhe dilacerava a alma de uma forma que ela jamais pensara ser possível. A negra não dissera uma única palavra depois que fora socorrida, ainda no chão, na noite da revolta dos escravos. Apenas respirava e comia o angu que lhe davam.

Por sua vez, dona Mariana ainda estava prisioneira em seu quarto. A ela não fora dado o direito a ver o filho ferido nem o neto. Dom Fernando ordenou que Cecília governasse os afazeres da casa-grande.

Quando, por fim, Maria do Rosário conseguiu por levantar-se, ficou de pé com um semblante que a acompanharia pelo resto da vida. A resignação tomara definitivamente seu espírito. A mulher apresentou-se na cozinha caminhando a passos lentos, e Filomena indicou-lhe algumas panelas para lavar.

Todos, na Fazenda Santa Maria, porém, perceberam que dom Fernando não passara incólume pela revolta. Assumira um olhar esgazeado, constantemente olhando para os lados, certo de que era observado. A cachaça era uma constante e não demorou a que ele falasse sobre um estranho negro que ele via rondando sua fazenda. Por várias vezes, ele ordenara aos capatazes que entrassem no canavial ou nas capoeiras atrás desse escravo, que espreitava pelos caminhos.

Diante dos negros, dom Fernando gritava com Leonardo, chegando a esbofeteá-lo em duas ocasiões. O filho do senhor do engenho baixava a cabeça e se retirava, até que, por fim, partiu para Olinda com Cecília e Eduardo, enquanto dom Fernando estava na vila com sua amante.

Quando descobriu a fuga do filho, o fazendeiro convocou André e outros capatazes e partiu em perseguição, trazendo o pequeno Eduardo e a escrava Chica. Não se falou mais nos nomes de Leonardo e Cecília por algum tempo.

A tudo isso, a silenciosa Maria do Rosário testemunhava. Ela, como as outras cozinheiras, sabia que Daren fazia sua guerra de uma forma ainda mais implacável. Alheio a esse conhecimento, dom Fernando se entregava à bebida e ao desassossego a tal ponto que, em alguns meses, a fazenda se encontrava em desordem.

Enlouquecido, o senhor deixara de fazer a barba e arrumar os cabelos, que cresceram e viviam sujos. Amarelados, os cabelos grisalhos do senhor davam-lhe um aspecto ainda mais repugnante. Um tombo do burro quebrou alguns dentes da frente de dom Fernando, o que lhe conferiu um aspecto medonho.

Certa noite, dom Fernando agarrou Maria do Rosário na cozinha, diante de Quitéria e Filomena que, estarrecidas, baixaram a cabeça. Mas logo o senhor soltou sua presa e, de calças arriadas, caiu pesadamente no chão, ressonando profundamente de embriaguez.

— Se ele morrer agora, seremos livres — disse Filomena, ao ouvido das companheiras. — Ninguém saberá.

— Nós saberemos — volveu Maria do Rosário. — Daren está quebrando dom Fernando. Quando isso acontecer, a guerra deles irá para longe daqui e sabe-se lá por quanto tempo irão pelear.

Quitéria chamou Belarmino, e o capataz arrastou o senhor para a cama, sob o olhar frio de dona Mariana, que trajava as roupas das escravas por ordem do marido. A risada histérica da mulher ecoou por toda a casa-grande.

Ao final do oitavo mês da morte de Daren e de seus companheiros, dom Fernando caiu no canavial. Ficou estirado sobre o sol abrasador e foi encontrado, já morto, por João, que o procurava. A expressão de terror do senhor de Santa Maria estava estampada em seu rosto envelhecido. Dona Mariana, com seus belos trajes, ordenou a padre José que enterrasse dom Fernando o quanto antes, sem velório algum e com uma missa rápida, para escândalo do sacerdote e da sociedade local.

Dias depois, Leonardo, agora chamado de "dom", e Cecília retornaram à Santa Maria para tomarem posse daquele reino de lágrimas. O filho de dom Fernando encontrou a mãe na cama com Estevão e chicoteou os dois no tronco, matando ali mesmo o capataz. Em seguida, o novo fazendeiro enviou dona Mariana para viver em Portugal, cativa entre os muros de um convento.

## Capítulo 29

Os anos passaram. Vó Quitéria, certa manhã, não conseguiu levantar-se, vindo a deixar o mundo três dias depois. Pai Serafim também, picado por uma cascavel que havia se escondido debaixo da palhada da cana. Em meio a dores atrozes, o bondoso negro abençoou a todos ao seu redor e deixou a terra de lágrimas anunciando que pai Francisco viera buscá-lo.

Filomena, encurvada e esquálida, também morreu. Nos braços de Maria do Rosário, a velha cozinheira expirou, após entoar com toda sua força uma canção a Kaviungo, o antigo protetor de sua tribo, havia muito esfacelada.

Padre José também deixou o mundo por aqueles dias. Renovara-se quando conhecera, ainda menina, a escrava que tinha se tornando Maria do Rosário. Antes, o homem detestava sua sina de sacerdote, tendo recebido aquilo como uma imposição de seu pai. O poderoso fazendeiro, que fora bandeirante, não queria dividir seus bens entre os filhos em favor do primogênito.

Já envelhecido, padre José conheceu a resignação da jovem africana, e, a seu modo, encontrara a religião que antes professara superficialmente.

Em seu leito de morte, ele tentou comprar Maria do Rosário de dom Leonardo. Este, por sua vez, tomou o dinheiro do padre e prometeu libertá-la, mas não o fez. Acreditando ter feito um bem, padre José morreu e foi enterrado junto a dom Fernando, em uma cova simples.

Maria do Rosário esteve presente em muitos nascimentos e em muitas mortes na Fazenda de Santa Maria. Viu Felipe alçado a capataz, e Maria Antônia morrerem jovens, e esteve no leito de morte de Rute, que não suportara a nona gravidez.

Em meio a tantas perdas, houve muitas chegadas. Viu Serafina chegar do além-mar, com seu dialeto diferenciado e novos nomes de ancestrais. Viu também chegar, de outra fazenda, a bela mestiça chamada Maria Joana, de semblante arrogante e fala rápida. Tão logo chegara, a jovem escrava foi tomada como amante pelo senhor. Também chegaram Antenor, Fabiano e Lucas, negros que haviam sobrevivido às agruras da guerra e da viagem no ventre de madeira do grande barco. Por infortúnio maior, os três eram de tribos que, ao longo de várias gerações, haviam guerreado entre si, e agora seus últimos sobreviventes viveriam lado a lado em uma terra de lágrimas.

Fazia pouco mais de treze anos da morte de dom Fernando. A vida dura na fazenda ainda era a mesma. Dócil, Maria do Rosário passara a viver na tapera branca onde Quitéria e Filomena haviam morado. Era mais fácil para a negra sair para curar as feridas da lida que castigava homens e mulheres do reino de dom Leonardo.

Com ela, assim que Filomena morreu no ano anterior, foi viver José Antônio, que passara a se chamado de Zé Perneta e depois pai José. O envelhecido negro ainda amava imensamente Maria do Rosário, mas sabia que no coração da cozinheira havia somente Daren. Era ele o grande alvo das orações diárias da negra, pois ela sabia que o antigo amor havia se tornado um feroz *kiumba*, um espírito que não possuía a paz dentro de si. Por vezes, quando andava pelos campos à procura de ervas, Rosário ouvia as vozes de dom Fernando e Daren, em franco embate, mas jamais conseguiu encontrá-los.

Numa manhã, com algumas mandiocas no cesto que costumava usar, Maria do Rosário viu as cozinheiras mais jovens indo e vindo em grande velocidade. Miguel, que se tornara um homem forte como seu pai Jorge havia sido, estava escoltando dois homens de aparência estranha. A negra deteve-se a observar os estranhos que, de alguma forma, lembravam padre José, que morrera quatro anos antes. Não usavam, porém, o traje do finado sacerdote, mas outro mais simples e com uma única cruz de madeira a enfeitar o peito. Mais atrás, dois rapazes com a mesma aparência de Jandira vinham a passos lentos e de cabeça baixa.

— Temos que fazer mais comida, Maria do Rosário — disse Serafina, com sua habitual energia. — Esses homens parecem mortos de fome!

— Acho que são padres — volveu a outra. — Faz tempo que um sacerdote pisou aqui!

Era verdade.

Dom Leonardo não apreciava os curas e tolerava padre José por conta de sua idade avançada. O rapaz também era grato, pois o reverendo havia lhe ensinado as letras. Mas, fora isso, abominava publicamente qualquer sacerdote, coisa que seu pai jamais teria feito para não atrair os olhares acusadores da Santa Inquisição, que tomava bens e lançava inúmeras pessoas à tortura no outro lado do mar, e cuja ameaça de vir à Capitania era sempre uma constante.

Dom Leonardo, por sua vez, esperava os jesuítas na sala, tomando um gole da cachaça, que fazia o nome da Santa Maria brilhar. O senhor de engenho mandou o velho André buscar Maria do Rosário para servir água, mandioca frita e queijo aos visitantes. Com um gesto do senhor, que parecia ter esquecido que um dia abusara incontáveis vezes da escrava, Maria do Rosário permaneceu no canto mais discreto do salão, caso fosse solicitada. Sorrindo discretamente para Miguel, que se tornara um homem bondoso e sábio embora ainda jovem, ela acompanhou com os olhos ele se retirar.

Dona Cecília, que costumava caminhar com belos trajes pela casa, beijou as mãos duras dos sacerdotes e fez com que seu filho Eduardo fizesse o mesmo.

— Dom Leonardo — disse o mais velho dos jesuítas, cujo nome era Olímpio —, o senhor é o fazendeiro mais poderoso da Capitania. A Fazenda Santa Maria é grande e tem muita força.

— Diga logo o que quer, jesuíta Olímpio — resmungou dom Leonardo acariciando sua longa cicatriz, que deformara seu rosto, outrora belo. — Tenho muitos afazeres e não posso me deter aqui. Ainda hoje preciso despachar uma boa quantidade de açúcar para Salvador e de lá para o reino!

Os dois jesuítas se olharam ansiosos. Sabiam que flertavam com algo muito perigoso. Mas neles, notou Maria do Rosário, havia grande coragem.

— Entendemos seus compromissos — continuou Olímpio, resoluto — mas nós também temos os nossos! Nosso compromisso é com Deus!

— Por muito tempo, nas fazendas desta Capitania — prosseguiu o outro sacerdote, de nome Pedro —, os negros da África e os negros da terra cultuam seus deuses demoníacos sob a permissão velada dos senhores. Estamos aqui para acabar com isso!

— Deuses demoníacos — riu dom Leonardo — em Santa Maria?! Não mesmo! Aqui todos são batizados, comungam na missa voltada para eles e só atendem por seus nomes cristãos!

— Desde que padre José, aquele devasso, morreu — asseverou Olímpio, revelando-se antigo rival do finado sacerdote —, nenhuma missa foi rezada aqui para os escravos. Eles são batizados no porto! Como zelar pela alma desses infelizes?

Olímpio aproximou-se de dom Leonardo, que colocava mais cachaça no recipiente de barro. Seu olhar decidido encontrou-se com o do senhor de engenho.

— Chamam seus deuses através das imagens dos santos da Madre Igreja — disparou o sacerdote — e com a conivência dos fazendeiros! Não apreciamos a escravidão de nenhuma forma, seja para os africanos ou para os selvagens desta terra! Toleramos em nome de um bem maior, que é o de ganhar almas para Deus!

— Ora cale-se, velho idiota! — gritou dom Leonardo jogando longe seu copo ainda cheio. — Não venha ofender minha casa! A reforma do telhado do colégio foi pago por mim! Se os meus escravos falam aos santos como lhes convêm, não me interessa!

— Mas deveria! — insistiu Olímpio. — Pois isso é traição a Deus! Isso é uma abominação, que é da alçada da Santa Inquisição!

Dom Leonardo arregalou os olhos. Nem de longe possuía a arrogância e a coragem de seu pai. O fazendeiro deu um passo para trás e apertou os dedos sujos.

— O que você quer, jesuíta? — disse dom Leonardo. — Mais dinheiro?

— Eu quero os feiticeiros negros desta fazenda — sibilou Olímpio com um sorriso lupino.

— Não posso perder minhas peças! — exclamou o outro, cerrando os punhos.

— Melhor perder uma peça ou duas do que ser despojado de tudo e ir para a fogueira — proferiu o jesuíta fazendo o sinal da cruz.

# Capítulo 30

Dom Leonardo rendera-se aos jesuítas. Prontamente, Olímpio e Pedro pediram para passar a noite na casa-grande, para que estivessem presentes quando os escravos voltassem da lida. Maria do Rosário, silenciosa, testemunhara a discussão entre os brancos. Com um mau presságio, a cozinheira voltou a seu posto para verificar o preparo do jantar. Em seu íntimo, a envelhecida negra pedia por orientações.

Quando os escravos voltaram dos campos, foram recebidos pelos jesuítas. Orientados por André a tomarem a bênção, um a um beijou as mãos ossudas dos estranhos homens. Lucas, que se lembrava das histórias sobre a ferocidade de Daren, recusou-se a beijar a mão de Pedro. Sem hesitar, João, já bastante envelhecido e que ficara com o braço aleijado após o ataque do falecido rebelde, chicoteou as pernas do escravo.

— Ajoelhe e beije a mão do homem santo! — gritou André, enquanto João armava novo bote de seu chicote. — Agora!

Lentamente, Lucas beijou a mão do jesuíta, que nem sequer piscara. Quando todos foram presos na senzala, sendo Lucas e Antero postos a ferros por serem os que menos tempo estavam na fazenda, Olímpio mandou buscar Maria do Rosário.

— Não podemos, senhor padre — disse André, quase totalmente desdentado e com um olho quase cego pela catarata, com seu chapéu de abas largas nas mãos magras —, ela é da casa-grande.

— Sei que essa feiticeira, há anos, realiza suas feiticarias diabólicas — rugiu Olímpio. — Tanto que ela estava ouvindo nossa conversa mais cedo como se ninguém a estivesse vendo. Mas Deus me deu olhos de ver o que está na treva! Traga essa negra aqui, feitor, ou eu o jogarei na fogueira!

As vozes dos negros se ergueram. Todos amavam Maria do Rosário que, junto com suas companheiras, estava lavando panelas. Miguel, que era um dos poucos negros fora da senzala, cerrou os punhos. Ele era maior que todos os outros e sua força era formidável, embora fosse sempre doce no falar e agir.

— Mandei ir buscar Maria do Rosário — rosnou o jesuíta. — Agora!

André olhou ao redor, e todos os olhos estavam pousados nele. Trêmulo, o feitor regressou à casa-grande. Dom Leonardo conversava com Eduardo sobre como amansar burros e parecia alheio às ações dos sacerdotes.

— Dom Leonardo — disse André num ímpeto que o redimiria de muitos males que cometera —, os padres querem Maria do Rosário. Eles a chamaram de feiticeira!

Dom Leonardo abriu a boca, em muda expressão. Com o rubor assumindo seu rosto, o fazendeiro cerrou os punhos. Para ele, a escrava convocada pelos jesuítas era de grande valia. Mentira ao padre José em seu leito de morte por ela. Incontáveis vezes, a negra salvara suas peças da morte, livrando-o de prejuízos, além de fazer o parto de seu filho adorado.

— Maria do Rosário — esbravejou dom Leonardo —, aqui! Já!

Quase imediatamente, Maria do Rosário surgiu na sala. Sua serenidade acalmou a ira do senhor, que a fitou. Dona Cecília continuou seu bordado sem um pingo de emoção. Havia muito, a senhora deixara de se aborrecer com as traições do marido e, em seu íntimo, até preferia que ele tomasse as escravas ou buscasse amantes na vila ou em Olinda, pois, depois que Eduardo nasceu, desaparecera naquela mulher qualquer interesse por sexo.

— Irei perguntar apenas uma vez, "peça" da cozinha — disse dom Leonardo. — Você faz feitiçaria? Se eu te pegar mentindo, eu mesmo te mato antes dos jesuítas.

— Dom Leonardo — disse placidamente Maria do Rosário —, se fazer orações a Maria Santíssima, a Jesus e aos santos é fazer feitiçaria, então, sou isso que dizem que sou — os dedos da mulher, exceto o anelar e mindinho da mão esquerda, pois estes ficaram aleijados depois de dona Mariana a chicotear, tocaram o velho rosário dado por padre José. — Se fazer mezinhas com ervas encontradas na fazenda para curar a qualquer um que precise é fazer feitiçaria, eu sou feiticeira. Se curar feridos, doentes ou fazer partos é ser feiticeira, então, eu sou. Sou o que o senhor, que é meu dono, quiser.

**160**

Aquela resposta desconcertara dom Leonardo. O fazendeiro alisou sua barba escura e fitou as cicatrizes que eram visíveis nos braços da escrava. Sabia que haviam sido feitas pela mãe dele. Lembrou-se de todos os abusos que impusera a Maria do Rosário, mas não sentiu remorso. Lembrou-se apenas como aquela negra, criatura de alma suja na sua concepção, fora bela. Agora, pensou dom Leonardo, estava diante de uma escrava com mais de trinta anos e profundamente envelhecida, mas uma estranha altivez cobria a cozinheira.

— Você é minha propriedade — disse dom Leonardo. — Não deixarei que os jesuítas tomem o que é meu!

Convocando André, o senhor do engenho, com Eduardo em seu encalço, seguiu para a senzala. Seus passos eram decididos e sua espada estava assentada na bainha e o bacamarte estava em suas mãos. Ouvindo os gritos dos escravos, que em vários dialetos xingavam os temerários sacerdotes, dom Leonardo deu um tiro para o alto, e os capatazes desembainharam seus facões.

— Vocês vieram à minha casa e trouxeram baderna! — gritou dom Leonardo. — Não me importa se são homens de Deus! Fora!

— Como ousa falar assim comigo, seu blasfemador! — gritou Olímpio erguendo os punhos. — Seu fornicador! Gerador de bastardos!

O punho de dom Leonardo acertou em cheio o rosto do jesuíta, que foi amparado pelos dois jovens índios que o acompanhavam, enquanto Pedro gritava histericamente.

— Meu avô chegou nesta terra, jesuíta — rosnou dom Leonardo jogando o bacamarte no chão e desembainhando sua espada —, lutou contra os índios, holandeses e toda a sorte de desgraça. Onde Deus estava? Não nos braços do meu avô nem nos do meu pai. Esta terra tem meu sangue. É minha! Aqui é minha lei!

— Blasfêmia! — gritou Olímpio com a boca sangrando. — Irá para a fogueira!

— Não pelas suas mãos! — gritou o senhor do engenho.

A espada de dom Leonardo penetrou no peito do jesuíta Olímpio, enquanto os dois índios gritavam desesperados e André agarrava Pedro, completamente aparvalhado.

— Quer viver, jesuíta? — indagou Leonardo, diante do silêncio que se instalara, e Pedro acenou que sim. — Então, volte para o colégio. Fique lá. No passado, quando não tínhamos condições para buscar negros do outro lado do mar, caçávamos os da terra. Você deve saber disso. Nós, de vez em quando, queimávamos o colégio em busca de peças. Te dou a sua vida. Não faça escândalo ou volte aqui. Esses dois que vieram com você vão ficar.

— Não faça isso, dom Leonardo — esganiçou Pedro, que se urinara todo diante de Olímpio, que ainda agonizava —, volte-se para Deus!

— Nesta terra, eu sou o deus — riu dom Leonardo. — Aqui eu decido quem vive ou quem morre! Última chance para você!

— Eu quero viver! — gritou Pedro.

— Ora, os homens de Deus não devem temer a morte — riu o senhor. — Você não me parece um homem de Deus! — o fazendeiro então guardou a espada, ainda ensanguentada, e fitou seu filho, que assistia a tudo, impassível. — Veja, Eduardo, um dia será dono de tudo isso. Se não aprender a proteger o que é seu, nem direito a cova terá! André, ponha fora esse padre. Que ele leve esses dois que estão encolhidos. Não os quero aqui.

Dom Leonardo virou as costas e voltou para a casa-grande. No caminho, passou por Maria do Rosário, que a tudo testemunhara. A mulher não dissera uma única palavra. Finalmente, ela e todo o povo de Santa Maria souberam que dom Leonardo herdara a crueldade de seu pai.

Enquanto André e os capatazes colocavam Pedro e os índios para fora da fazenda, com o corpo de Olímpio sangrando em cima do burro que era de propriedade do Colégio, dom Leonardo entrava no quartinho onde dormiam Serafina e Maria Joana. Expulsando a primeira, o senhor passou toda a noite com sua escrava mestiça.

# Capítulo 31

A notícia da morte do jesuíta Olímpio despertou a fúria no Colégio da Companhia de Jesus, que se preparou para a retaliação com o envio de mensageiros ao governador da Capitania, Francisco de Castro de Moraes, ao rei Pedro II de Portugal e ao próprio papa, pedindo por tropas e justiça. No entanto, os outros fazendeiros, espantados com a façanha de dom Leonardo, a quem consideravam uma mera sombra do pai, enviaram mensagens aos jesuítas informando que fariam guerra, se o caso fosse levado adiante.

Por fim, o caso esfriou, pois, embora a Companhia de Jesus fosse poderosa, com braços se estendendo por todo o mundo conhecido, mais forte ainda era o capital movimentado pelos senhores de engenho, que se aventuravam em uma terra selvagem naquela época. Dom Leonardo ascendeu na esfera social de Olinda, recebendo homenagens, e algumas disputas de terras foram decididas a seu favor.

Tadeu, filho de André e Rute, era companhia constante de seu velho pai. Desenvolvera uma inteligência rápida, que muito impressionou dom Leonardo, por ocasião de um problema que surgira com o melhor touro da fazenda, que nenhum dos experimentados homens de Santa Maria soubera resolver. Inteligente, Tadeu pediu ao senhor que o mandasse com a comitiva que despacharia, no porto de Recife, o açúcar para o reino.

— Eu quero aprender, dom Leonardo — disse o rapaz —, para melhor servir ao sinhozinho Eduardo quando ele for mais velho.

Maria do Rosário acompanhava aquela cena. Sabia que André incitava seu filho para se aproximar do filho do patrão para cair em suas graças e, dessa forma, escapar dos trabalhos mais pesados que ceifaram a vida de tantos jovens de Santa Maria, escravos ou não.

O senhor ouviu atentamente o pedido do filho do feitor e pensou sobre o assunto. Por fim, consentiu que o rapaz passasse a integrar a comitiva e a conhecer o porto de Recife. Por alguma razão, dom Leonardo simpatizava com crianças, e, para os quatro bastardos que gerou nas escravas, mandava trapos melhores e comida.

Depois de algumas semanas da morte do jesuíta Olímpio e, com os ânimos acalmados, dom Leonardo mandou chamar um padre para assistir o povo sofrido de Santa Maria e os vizinhos. Com o prestígio que adquirira, o senhor de engenho sabia que precisaria mantê-lo e, pondo um padre adequado aos seus desejos, iria manter distante os sequazes jesuítas. Veio um padre rechonchudo, com um sotaque português carregado, chamado Benedito. Esse padre, jovial e de mãos inquietas, foi bem-recebido por dom Leonardo, que se encarregara de trazer o sacerdote de Recife e o instalara no antigo aposento de padre José. O recém- chegado já tivera conhecimento do que acontecera com os jesuítas e sabia muito bem qual seria seu papel a partir daquele momento.

O que o novo padre não sabia era sobre o modo de vida brutal dos engenhos de cana-de-açúcar, nem o peso do sangue derramado diariamente na lida. No dia seguinte, após a missa, que contou com o velho sogro do senhor de Santa Maria, dom Lourenço, já quase totalmente cego e andando com muita dificuldade, padre Benedito acompanhou os negros no trabalho da cana. Horrorizado com o sangue do corte que Fabiano arranjara no pé esquerdo, o padre fez o sinal da cruz e sentiu-se imediatamente enjoado. O escravo acusou Antenor de ter posto o facão de propósito e, mesmo ferido, atacou o companheiro de infortúnio, que revidou a agressão em nome da rivalidade de suas antigas tribos. Coube a André e a João, acompanhados pelos jovens capatazes Rômulo e Luiz, separarem a dupla debaixo de chicotadas. Os dois escravos foram encaminhados ao tronco, onde receberam muitas chibatadas e depois foram postos a ferros na senzala.

Com ânsia de vômito, padre Benedito acompanhou tudo com orações à Nossa Senhora dos Aflitos. Quando Maria do Rosário chegou, já com as mezinhas apropriadas para fechar os ferimentos dos briguentos, pois Jerônimo, um dos filhos bastardos de dom Leonardo, havia ido chamar a escrava da casa-grande, como de costume. O menino, que tinha por volta de oito anos, era mais claro do que a maioria dos mestiços, pois sua mãe também era mulata, muito gostava da companhia da cozinheira, a quem chamava carinhosamente de tia. O próprio dom Leonardo gostava daquele menino bastardo, mas Eduardo enciumava-se francamente, agredindo o garoto sempre que podia, até que um dia se ferira nadando no Rio das Pedras, e seu meio- irmão o ajudara. Assim, acabou em Eduardo a má-vontade com Jerônimo.

Maria do Rosário se debruçou sobre os terríveis cortes nas costas dos escravos. Orando fervorosamente a Maria de Nazaré, citando ainda o Sermão da Montanha, no Capítulo 5 de Mateus, a escrava atendeu Fabiano e Antenor, que mansamente receberam o auxílio. Agradecendo, os dois homens tentaram beijar a mão da negra, mas ela rejeitou docemente o gesto.

— Não briguem mais — disse Maria do Rosário aos dois, pois conhecia há muito a rixa entre eles. — As velhas brigas ficaram na África. Certamente, se nossas tribos não brigassem, ainda viveríamos lá em paz e liberdade. E já que estão aqui, façam as pazes. Vivam juntos na senzala e na lida. Com certeza, o sofrimento diminuirá.

— Miguel fala a mesma coisa — disse Antenor, baixando um pouco a cabeça, pois um colar de ferro o prendia à parede, impedindo-o de se deitar. — Antes eu me apegava às lembranças boas de minha vida, de meus irmãos e de meu pai. Era isso que me mantinha vivo.

Maria acariciou o rosto marcado de Antenor. Notando o padre ali, testemunhando silenciosamente tudo, a cozinheira enxugou as lágrimas amargas do escravo, posto ao lado de Fabiano, que também sentia saudade de sua antiga vida.

— Já falei isso para vocês — prosseguiu Maria do Rosário. — Para nós, nesta vida, não existe mais a África. Lembrarmos dela é sofrer mais. Obedeçam ao senhor, tenham paciência, fé nos nossos santos e um dia viverão na Terra Verde. Para sempre.

Deixando os dois homens acorrentados, a escrava rumou para a casa-grande com padre Benedito em seu encalço.

# Capítulo 32

— Maria do Rosário — disse padre Benedito, após caminharem alguns passos —, pare.

— Pois não, senhor padre — acatou imediatamente a negra —, estou à sua ordem.

— Eu vi um espetáculo de horror aqui — gaguejou o homem, suando em bicas. — Quase trucidaram aqueles dois homens!

— Não entendo suas palavras — redarguiu a mulher com franqueza, pois o padre usara palavras que ela não conhecia, e o sotaque estava mais carregado do que podia entender. — Me perdoe!

Padre Benedito respirou fundo. Seu sotaque, originado na cidade de Évora, atrapalhava aquela gente, desde quando aportara em Recife.

— Aqui, padre Benedito — respondeu Maria do Rosário após o sacerdote repetir calmamente o que dissera antes —, a vida funciona assim. Desde que era menina, e sei que antes disso também, nos cabe apenas a mansidão e esperar.

— Esperar pelo quê? — indagou o padre.

— Pela morte — disparou secamente a mulher.

— Você conhece modos de curar — prosseguiu Benedito. — Onde aprendeu? Com alguma feiticeira na sua terra?

— Com Jandira, nascida aqui nas terras da fazenda — retrucou Maria do Rosário. — Da última vez que me chamaram de feiticeira, dom Leonardo matou um homem. Não quero isso para o senhor, padre.

Padre Benedito encarou a escrava. Reparou nas cicatrizes dos braços e do rosto. Viu os dedos aleijados. Não sabia dizer se as palavras dela eram uma ameaça ou um aviso prudente.

Preferiu acreditar na segunda opção.

— Você conhece bem as orações — sorriu o sacerdote — e falou muito bem sobre o Sermão da Montanha. Aprendeu com quem?

— Com padre José — respondeu Maria do Rosário, ansiosa por estar sendo retida ali. — Ele me ensinou as orações, a devoção a Deus e ao Cristo. Ainda meu deu este rosário.

As mãos duras da escrava revelaram o velho rosário, consertado várias vezes por José Antônio, e padre Benedito assentiu. Indicando para retornarem à casa-grande, o sacerdote perguntou, com franqueza, sobre o funcionamento da Santa Maria.

— Não acredito em escravos — disse Benedito antes de cruzarem o portão da cozinha — mas o mundo é assim, e não me cabe julgar a ninguém, conforme Jesus Cristo nos ensinou. Sei que fui mandado a esta terra miserável para uma tarefa e sei que poderei contar contigo, Maria.

— Eu ajudo o senhor, padre — sorriu Maria do Rosário —, mas esta terra não é miserável. É uma terra de lágrimas.

## Capítulo 33

A voracidade do tempo não cessa. Lentamente, padre Benedito se adequou à realidade da Capitania de Pernambuco e se interessou abertamente pelos conhecimentos locais. Discretamente, tornara-se aluno de Maria do Rosário no conhecimento das ervas e, logo, o sacerdote em suas viagens levava consigo conhecimento para amenizar o sofrimento alheio. Entendera que a terra miserável era, realmente, um termo impróprio, pois via brotar do chão duro e quente riquezas que ofuscariam o pequeno e dominador Portugal. Como sua amiga escrava, entendia aquele lugar como terra de lágrimas. O padre, por sua vez, ensinara a Maria do Rosário e Serafina muito do que sabia sobre as Escrituras e do mundo exterior e seus reinos de ferro e sangue. Com anuência de dom Leonardo, o sacerdote passou a levar consigo o pequeno Jerônimo na qualidade de ajudante.

Nos anos que tinham se passado, ocorrera uma terrível guerra entre os velhos senhores de engenho de Olinda e os poderosos comerciantes de Recife. Para a guerra, foram André e muitos capatazes, assim como

Miguel, Fabiano, Antenor e Lucas. João, mais detestado que André, ficou no comando da lida, e dona Cecília viu seu filho e seu esposo partirem para Olinda. Coube à senhora a ordenança, e a primeira atitude dela foi enviar a altiva Maria Joana, que dera à luz dois bastardos de dom Leonardo, para a senzala.

Vez ou outra, notícias chegavam, todas aterradoras. Depois de algum tempo, dom Leonardo, ferido na perna, regressou, deixando o jovem filho, para desespero de dona Cecília, no *front* junto de seus sobrinhos e de seu irmão, dom Luciano, filho mais velho de dom Lourenço, que morrera no ano anterior.

Com o regresso do senhor, João foi efetivado definitivamente no cargo de feitor de Santa Maria, pois André, já velho, morrera na primeira batalha contra a força dos comerciantes de Recife, que lutava pela emancipação da vila que abrigava o importante porto da Capitania. Juntos, um defendendo o outro, Antenor, Fabiano e Lucas também haviam perecido.

Em 1711, ano seguinte, derrotados, Eduardo, Miguel, Tadeu e alguns outros que compunham a tropa de Santa Maria regressaram à fazenda. Manco, dom Leonardo realizou um banquete em homenagem aos filhos, enquanto os outros retornavam às suas moradias paupérrimas. Tadeu, porém, permaneceu na cozinha, e seus pensamentos eram sinistros.

— Lutei por dom Leonardo — disse o jovem que carregava uma cicatriz na testa por conta das lutas que travara —, salvei Eduardo várias vezes, e sou mandado para a tapera de meu finado pai sem nenhuma recompensa? Sem um obrigado?

172

— Agradeça a Deus, meu filho — disse Serafina dando um beliscão no rapaz —, pois voltou são e salvo!

— E agora serei o quê? Capataz? — volveu o jovem inconformado.

— Sua vida em Olinda era boa — disse Maria do Rosário — mas acabou, pelo menos até as coisas acalmarem. Certamente dom Leonardo vai te mandar de volta para cuidar dos negócios dele.

Assim dizendo, a cozinheira mandou Tadeu para a tapera que havia sido de seus pais. Quando o jovem mestiço cruzou a porta da cozinha, ainda inconformado, um arrepio tomou conta da escrava. Por alguns momentos, ao lado de Tadeu, pareceu ver o rosto feroz de Daren, mas a mulher achou que se enganara.

⛓

Naquela madrugada, sentindo o peso da idade, Maria do Rosário saiu da casa-grande e foi para sua tapera. O velho José Antônio, que agora era o escravo mais velho de Santa Maria, ressonava tranquilo. Era ele quem os mais jovens procuravam para receber conselhos, da mesma forma que faziam com a cozinheira. Buscando orientação em uma prece, novamente o rosto de Daren surgiu em sua mente, acompanhado de um calafrio. Saindo de casa, a velha correu contra o tempo.

Caminhando o mais rápido que podia, a mulher chegou ao caudaloso Rio das Pedras. Pondo-se de joelhos, Maria do Rosário orou por Dandalunda. Elevando sua voz em oração, a cozinheira molhou sua testa com a água doce e viu, saindo das sombras, um homem esguio e de olhar sinistro.

— Que Deus tenha piedade de sua alma — disse Maria do Rosário, com lágrimas rolando por seu rosto. — Meu amado, vá embora! Procure descansar! Não tem mais nada aqui para você!

— Ainda tem você! — disse Daren, sorrindo e mostrando seus dentes quebrados e apodrecidos. — Você é minha mulher!

— Deixe Tadeu em paz! — pediu a cozinheira. — Você já não tem dom Fernando? Então, deixe os outros em paz! Tadeu não tem nada contigo! É uma criança!

— Eu quero o filho do senhor — asseverou o espírito maligno — por muito tempo, peleei com dom Fernando. Agora eu sou o senhor, e ele, o escravo. Para a minha corrente de ferro e dor virá agora dom Leonardo!

— Não, eu o proíbo! — Maria do Rosário ficou de pé diante daquele que ainda amava. — Chega de aumentar o próprio sofrimento, Daren! Quer levar alguém? Leve a mim!

Daren fechou seu sorriso. Pareceu vacilar. Maria do Rosário deu um passo na direção do antigo amado, que havia se tornado distorcido e feio.

— Preciso terminar de fazer justiça — disse o espírito rebelde, retomando seu raciocínio. — Levar você é afastá-la ainda mais de mim!

Maria do Rosário, para sua tristeza, notou que Daren sabia de sua condição espiritual, e isso aumentava ainda mais sua dor. O espírito do escravo ergueu suas mãos para a mulher, impedindo seu avanço.

— Dom Leonardo é meu! — bradou Daren com um rosnado animalesco. — Nenhuma força do mundo é capaz de livrar o filho de dom Fernando de mim! Nem mesmo você!

Um vento gélido fez Maria do Rosário se encolher, trêmula. Dandalunda havia trazido seu amado para acabar com o ciclo de ódio, e a cozinheira falhara. Correndo o mais rápido que podia, Maria do Rosário dirigiu-se para a velha casa de André. Tadeu não estava lá, nem a pistola que herdara do pai.

Quando se aproximou da casa-grande, um estampido ecoou por todos os cantos de Santa Maria. Ouviram-se gritos, e Maria do Rosário, caindo na escadaria que dava acesso à sala, viu Daren, junto com uma malta de antigas vítimas da fazenda, carregando dom Leonardo, que parecia aturdido.

Miguel foi o primeiro a chegar à casa-grande e pôs a mulher que o criara, que chamava de mãe, no cadeirão de dom Leonardo, enquanto Eduardo, aos gritos, cravava seu punhal no pescoço de Tadeu, a quem chamava de amigo.

Tadeu ainda conseguiu empurrar Eduardo e tentou correr, mas tropeçou e não conseguiu se levantar mais. Afogando-se em sangue, ele não recebeu a extrema-unção de padre Benedito, pois Eduardo empurrou o sacerdote para longe, enquanto dona Cecília ainda abraçava o marido morto com um tiro na cabeça.

Resignada, Maria do Rosário lavou o corpo do senhor da fazenda, entoando suas orações modestas e profundamente sentidas, pois sabia o sofrimento que aguardava dom Leonardo nas garras implacáveis de Daren.

# Capítulo 34

Com o sangue da tragédia em suas mãos, Maria do Rosário não percebeu as gotas de chuva banharem seu corpo marcado pelas agruras da vida. A madrugada infeliz começou a ceder espaço para alvorada da nova era, em que um novo senhor de engenho deveria surgir, monarca absoluto daquele reino de sangue e suor.

Maria do Rosário estava nas margens do rio pedregoso. Seus olhos embaçados e inchados pousavam nas águas. Em seus pensamentos, a escrava, pela primeira e única vez, não implorava por clemência, mas exigia explicações. Perdera a conta dos inocentes que tinham sido destroçados pela impiedade dos maus.

Dandalunda, majestosa, surgiu por entre as altas pedras que faziam o rio entoar uma interminável cantilena. Curvando a cabeça diante da entidade, Maria do Rosário sentiu dedos macios tocarem seu queixo retesado, levando-o para cima. Os olhos da torturada negra encontraram os de Dandalunda, imensuravelmente ternos.

— Você é imortal, filha — disse a entidade —, como eu e tudo que possui espírito. E nos planos do

Criador, que tem muitos nomes, temos um papel. Esse papel que desempenhamos está em cada vida na carne, em desenvolver bons sentimentos e impedir que maus sentimentos surjam em nós — Dandalunda ou Maria ergueu seus olhos luminosos para o céu estrelado. — Eu já fui como você, filha! Tola, presunçosa, arrogante! Cometi atrocidades! Mas o amor do Criador permitiu que eu tivesse inúmeras oportunidades. Fui errando até certo ponto de minha existência. Assumi todas as minhas falhas e passei a escolher melhor minhas ações. Nesse processo, desenvolvi virtudes e venci vícios — voltando a fitar sua tutelada, a entidade de muitos nomes sorriu. — Eis-me aqui.

Maria do Rosário desviou o olhar pela primeira vez da entidade de luz. Uma imensa mágoa havia em seu coração e a revolta crescia dentro dela, pela primeira vez. Fora mansa a vida toda, mesmo sofrendo toda sorte de abusos.

— Você já foi uma tirana — asseverou Dandalunda. — Sob seu chicote padeceram milhares! E é da lei que quem deve tem de pagar! As oportunidades são iguais para todos os filhos de Nzambi! Quem hoje é escravo na carne, foi porque escravizou almas! — Maria do Rosário fixou novamente seu olhar em Dandalunda, sentindo algo quebrar-se dentro dela. — A verdadeira escravidão, bem sabe, é a do espírito. Você é livre, de fato, mas sofre pelas escolhas dos outros, e eu também sofro. Mas não permito que o sofrimento deles se torne um inferno para mim!

— Mas não sou inkice como a senhora — argumentou a cozinheira. — Nem santa! Sou uma pobre mulher!

— Já disse que não é inocente! — atalhou o espírito. — Se não falhou nesta vida e tem dores, é porque falhou em existências anteriores. Auxilie os que estão imersos no mal com suas orações e seu bom exemplo! Eis o caminho para eles! Já lhe falei que não morremos. Somos imortais! O que são décadas perante anos incontáveis! Arrede os maus pensamentos do seu coração e o encha de confiança no amanhã! O Criador e seu zeloso filho, a quem chamamos de Jesus, líder supremo neste mundo, estão certos de que todas as suas criaturas se encaminharão no bem. Depende de nós nos apressarmos para alcançá-lo!

Um poderoso influxo tomou o espírito de Maria do Rosário. Diante de seus olhos, cenas surgiram. Viu-se bela, altiva e portadora de um cetro que era encimado por uma serpente. Centenas de pessoas, de pele parda como a dela, padeciam diante de seus olhos. Lanceando seu olhar frio, reconheceu alguns daqueles que a tinham acompanhado ao longo daquela existência na fazenda. Um clarão sobreveio, fazendo a cozinheira piscar, e parecia que estava sobre uma alta montanha pedregosa. Sentia-se mais alta, e os grossos pelos em seus braços musculosos indicavam que fora um homem de grande estatura e força. Sua pele era tão alva quanto os senhores da fazenda em que vivia. Sentiu em sua face o calor de altas chamas, e seus ouviram detectaram gritos e lamentos de mulheres vítimas da brutalidade dos homens. Sentiu em seu peito um terrível júbilo ao caminhar por entre as ruínas da bela cidade, cujo nome os ventos haviam carregado através dos séculos: Atenas.

Envergonhada, Maria do Rosário tapou os olhos com as mãos. Não suportava mais. Diante dela, novamente, estava Dandalunda e, ao seu redor, as terras da fazenda.

— Tudo que passei — disse Maria do Rosário depois de algum tempo — foi pouco.

— Não — retrucou a entidade. — O que você passou ao longo dos séculos, para reparação, até o dia de hoje é o justo. Assim é a lei divina. Só temos aquilo que podemos carregar.

— Um dia... — volveu a cozinheira.

— Um dia, como eu, verá a face do Cristo — interrompeu Dandalunda —, e antes disso servirá em Seu Santo Nome. É servindo que nos aproximamos de Deus. É abandonando as trevas interiores que nos aproximamos de Deus! Viva nesta terra, filha! Vença suas dores, consolando os que sofrem mais do que você!

Dandalunda se virou, deixando Maria do Rosário de joelhos. A entidade caminhou por entre as pedras parcialmente afundadas do rio e desapareceu, bem no momento em que as aves tomavam o céu limpo e luminoso. Chegara a aurora.

# Capítulo 35

Maria do Rosário abriu lentamente os olhos. Sentia-se muito idosa. De fato, a idade agora era incalculável para ela. Com dificuldade, levantou-se de sua cama e tomou a bengala, um velho galho de goiabeira que lhe fazia companhia havia anos sem conta. Instintivamente, verificou se o rosário estava em seu pescoço magro e enrugado. Fazia anos que pai José morrera e ela vivia sozinha em sua bela tapera caiada de branco, um presente de dom Eduardo que, ainda muito jovem, assumira o comando de Santa Maria. A memória da anciã a levou ao dia da morte do negro que tanto a amara. Viu tio Clarêncio, com lágrimas de alegria, ajeitar no leito o venerável sábio, cuja cabeça parecia coroada por uma sutil luz prateada. Com a voz embargada, um escravo, ladeado por pai Miguel e Maria do Rosário, que viera das terras africanas bem mais ao norte, muito provavelmente da mesma região de Daren, entoou uma oração melodiosa que parecia ecoar por toda a Santa Maria.

Vocês estão vendo aquele velho negro
Sorrindo em oração

Vocês estão vendo aquele velho negro
Sorrindo em oração
É meu pai José
Consolando seu irmão
É meu pai José
Consolando seu irmão
Ah, meu pai José!
Oxalá o coroou!
Vá em paz, meu pai José!
Você é luz, meu pai José!
Mas volte logo,
Meu pai José
Com Oxalá
A regressar
Para consolar
Teus filhos
Que estão aqui!

Com a cantilena de tio Clarêncio, que morava na casa que fora de Quitéria e Filomena, e depois da própria Maria do Rosário, em seus lábios murchos, a velha suspirou. Arrastando os pés para fora de sua morada, após olhar detidamente para a imagem de madeira que dom Fernando lhe dera havia anos, divisou, com certa dificuldade, as construções que havia ali. Algumas eram do seu tempo de meninice, outras, bem mais novas. Diante da sua casa, estava a morada de pai Miguel, sábio líder dos negros.

Naquela madrugada, o velho estava sentado à porta, como se esperando pela mulher que atravessara inacreditáveis e longos anos. Pai Miguel se levantou e beijou a mão da escrava que lhe criara e que tanto amava.

— Você não vai trabalhar hoje, Miguel? — indagou Maria do Rosário com sua voz fraca. — Deveria estar dormindo para acordar daqui a pouco.

— Eu senti que devia sair da cama mais cedo — disse o velho de barbas brancas, uma raridade para os negros que morriam cedo — e acho que não me enganei, não é, minha mãe?

— Sim, meu filho — disse a idosa. — Vou precisar de sua ajuda.

Os escravos sorriram um para o outro. Há muito tempo, Maria do Rosário fora dispensada da cozinha e passava seus dias de velhice contando histórias para as crianças e ensinando o que sabia. Serafina passou a ser responsável pela cozinha, com mais duas negras para ajudá-la, pois a arrogante Maria Joana, havia muito tempo, fora vendida com seus filhos para algum fazendeiro, e Maria da Penha morrera havia muitos anos. A escrava Chica, ama de leite de dom Eduardo, nem sequer era lembrada pelos habitantes da fazenda, exceto por Maria do Rosário. Fora vendida havia muitos anos por dom Leonardo, assim que o filho se tornara mais independente, por alguma razão que a antiga cozinheira desconhecia.

— É hoje? — indagou pai Miguel.

— Sim — respondeu Maria do Rosário, com um tênue brilho no olhar embaçado.

Com alguma dificuldade, pai Miguel foi buscar o carro de bois que estava ali perto. Esta era a responsabilidade do escravo, a de conduzir algumas cargas, pois havia muito tempo não tinha mais força para a lida. Seus netos e outros escravos sangravam na lida diária, e ao ancião cabia lhes passar a confiança de um futuro melhor, na Terra Verde.

No terreiro, perto do tronco, os dois filhos mais novos de dom Eduardo e a neta mais velha, Maria Luiza, brincavam. Eles eram madrugadores como a mãe, Judite, e a avó, Leocádia, que já devia estar costurando na sala sob a luz de algum candeeiro. A anciã sorriu para a neta do senhor da fazenda, que possuía seu nome de batismo. Havia muitos anos, o nome dado pelo padre José se perdera na memória de todos, que substituíram Maria Luiza por Maria do Rosário, ou, simplesmente, vó Rosário. O único talvez que se recordasse era pai Miguel, mas desde a mocidade jamais chamara a mulher pelo nome que recebera em Santa Maria.

Dom Eduardo, recordou-se a idosa, era mais poderoso que seu pai e seu avô. As crianças cumprimentaram Maria do Rosário e lhe pediram histórias.

— Me perdoem, sinhozinhos — disse a velha com doçura — mas agora não posso. Tenho ordens a cumprir. Prometo que, assim que puder, contarei uma bela história.

Mais adiante, estava a capela ainda às escuras. Padre Jerônimo, irmão de dom Eduardo, ingressara no seminário assim que atingira a maioridade com a ajuda do fazendeiro. O velho sacerdote de pele morena já devia estar se levantando de sua modesta cama, no quarto anexo à igrejinha.

Com dificuldade, pai Miguel pôs vó Rosário na boleia do carro de bois. Os animais, mansos, se chamavam Noite e Dia. Rangendo pelo caminho de terra batida, os velhos seguiram até onde o grande Rio das Pedras corria. Bem ali, onde a então jovem Maria do Rosário e Daren se amaram, e também onde se enfrentaram para salvar dom Leonardo.

**183**

Com uma surpreendente agilidade, a idosa saltou do carro. De mãos dadas com pai Miguel, os dois seguiram até a margem do rio, passando por algumas pedras altas.

A memória da escrava voou longe. Esquecendo-se do filho adotivo, vó Rosário viu-se jovem novamente, uma criança chamada Kuetami. Nem se lembrava mais daquele nome até aquele exato momento. Recordou-se de seu poderoso pai, da sua doce mãe e de seus irmãos e de suas irmãs.

Com os lábios trêmulos de emoção, a anciã pôs os pés nas águas frias. Rememorou a época em que era um mero joguete nas mãos dos homens cruéis que o tempo varrera. Percebeu que, nas suas jovens mãos, o rosário lhe dava confiança para sobreviver.

Caminhando mais alguns passos, era agora Maria do Rosário, a curandeira de almas que, naquele sagrado ofício de consolar os outros, consolava a si mesma. Com lágrimas banhando seu rosto profundamente marcado pela dor e pelo tempo implacável, a anciã virou-se para pai Miguel.

O velho, de joelhos e com seu chapéu de palha nas mãos ossudas, contemplava a velha que o orientara desde o nascimento. A vó Rosário era a manifestação de Dandalunda ou Maria Santíssima em toda sua glória e sabedoria.

Com um gesto delicado, a escrava que tivera tantos nomes, assim como sua Protetora, abençoou pai Miguel, e uma grande luz a envolveu. Cego pelas lágrimas abundantes que o assaltaram, o velho Miguel baixou a cabeça e iniciou uma cantilena:

Maria do Rosário,
Quem foi que lhe trouxe aqui?

Maria do Rosário,
Quem foi que lhe trouxe aqui?
Foi Santa Maria
Eu vi!
Eu vi!
Eu vi!
Maria do Rosário,
Abençoe minha vida
Em nome de Maria
Seja a nossa guia!
Maria do Rosário,
Abençoe minha vida
Em nome de Maria
Seja a nossa guia!

Com o manto de luz azulado de Dandalunda ou Maria a cobrindo, Kuetami-Maria do Rosário não era mais escrava da matéria.

Caminhando pela estrada de luz que levava à Terra Verde, a mulher, cuja idade agora era tão indefinida quanto à de sua Protetora, encontrou-se com aqueles a quem ajudara no mundo. Viu pai Francisco, Jandira, pai José, os padres José e Benedito, Maria da Penha e Maria Antônia, Rute, Quitéria e Filomena, seus pais e seu filho assassinado ainda em seu ventre, que havia se transformado em um homem alto e belo, além de tantos outros companheiros de jornada. Mas ali, dentre os amados da vitoriosa que regressava ao mundo dos espíritos, faltava uma pessoa: Daren.

Ela jamais desistiria dele, nem que séculos passassem inclementes.

# Capítulo 36

    Sérgio caminhava com passos firmes, junto com algumas pessoas que traziam no rosto marcado as cicatrizes de uma vida cheia de aflições, quando adentrou uma humilde casa. Sorrindo com fraterna cortesia, o envelhecido homem cumprimentou a todos dali e, em poucos minutos, após colocar seu uniforme branco, sentou-se ao centro de uma mesa retangular. Estava acompanhado por mais cinco companheiros que levavam uma vida de esforço, onde cada gota de suor contava.

    Proferindo uma singela prece, Sérgio invocou as forças do Alto. Seus companheiros fizeram o mesmo, e uma brisa fresca tocou o rosto de todos ali. Confiantes em Deus, os trabalhadores do Cristo atuaram levando consolo aos aflitos, que padeciam do corpo e da alma. Mais tarde, em um aposento mais privativo, um homem mais jovem foi trazido até Sérgio. Um estranho sentimento assomou-se sobre o tarefeiro, que se forçou para abraçar o próprio filho.

    Cláudio, que sofria de problemas mentais severos além de deformidades físicas, se debatia quando se encontrava na presença do pai que, na mocidade, tinha repulsa pela criatura que havia gerado. Mas, naquela modesta casa de bênçãos, tanto Sérgio quanto Cláudio tinham encontrado o alento necessário para vencerem.

Proferindo nova prece, Sérgio e seus companheiros elevaram seus pensamentos e ergueram suas mãos em súplicas ao Alto. Doando suas energias ao atormentado Cláudio, que, naquela hora bendita, se acalmava, os médiuns ministraram o passe. Maria do Rosário, que havia adquirido alta envergadura moral pelas escolhas que fizera dentro da lei divina de causa e efeito, observava serenamente. Séculos de trabalho árduo, finalmente, poderiam ser recompensados. E, às vezes em que regressara à carne, foram preparativos para essa única reunião. Por conta do enorme aprendizado que obtivera na encarnação como escrava na fazenda Santa Maria, optara por manter a antiga aparência perispiritual e o nome. Ela e seus companheiros espirituais, por sua vez, se embeveciam com as luzes que Deus enviava sobre aqueles irmãos ainda na carne. A vibração de serenidade, lentamente, se apossou daquele lugar de amor. Os bons espíritos elevaram o coração em prece, em uníssono, aos trabalhadores encarnados.

Sérgio e Cláudio, pai e filho, ficaram frente a frente.

Quando Cláudio parou de se debater, um lampejo de lucidez surgiu nos olhos do rapaz, que contava com quarenta anos. O olhar dele e de seu pai se cruzaram, e o ódio não encontrou mais espaço entre eles.

— Obrigado — disse Cláudio, pela primeira vez, com sua voz disforme, espantando todos ali, menos os espíritos que ajudavam naquele lugar. — Obrigado por ser meu pai.

Novamente, a luz nos olhos de Cláudio se apagou, mas a emoção havia se assentado. Ajoelhando-se sobre o filho na cadeira de rodas, Sérgio chorou como nunca antes. Parecia que em seu peito uma grande pedra negra havia sido retirada.

— Eu te amo, meu filho — disse finalmente o velho motorista de ônibus da capital pernambucana.

Com lágrimas de luz, Maria do Rosário abençoou os velhos inimigos, que tinham posto, por séculos sem fim, sobre si mesmos, as correntes do rancor. Leonardo, por sua vez, encontrara o caminho para a luz anos antes, livrando-se do jugo do ódio. E tantos outros, que foram arregimentados por Daren no passado, também já se encontravam libertos. Até aquele exato momento, faltavam ainda acertarem as contas o antigo amor de Maria do Rosário, Daren, e dom Fernando.

Cláudio viveu por mais um ano e, com grande expressão de alívio, deixou o corpo que lhe servira de duro cativeiro. Em vida passada, ele fora dom Fernando e toda a fúria que tivera em seu coração havia acabado.

Sérgio, que outrora havia sido Daren, ainda serviu na casa de caridade por mais três anos, dedicando-se, em especial, aos que padeciam de severas enfermidades físicas e mentais. Muitas foram as luzes que o velho trabalhador do Cristo espalhou. Com um infarto fulminante, deixou o mundo material.

Abrindo os olhos, o antigo médium se viu diante de uma luminosa Maria do Rosário, que o guiara por anos sem conta. De joelhos, o homem se achou indigno daquilo e percebeu que lágrimas de luz caíam sobre ele.

— Finalmente — disse Maria do Rosário estendendo suas mãos a Sérgio — vamos seguir juntos para a

Terra Verde! Finalmente, para nós, acabou-se a terra de lágrimas por um tempo!

Sorrindo, Sérgio tomou as mãos da entidade. Sabia que era muito endividado, não fazendo uma ideia completa da extensão de seus delitos. Mas isso não importava. Importava apenas a nova estrada que se abria diante dele.

Afinal, ele estava com Maria do Rosário.

### GRANDES SUCESSOS DE
# ZIBIA GASPARETTO

Com 19 milhões de títulos vendidos, a autora
tem contribuído para o fortalecimento da literatura
espiritualista no mercado editorial e para a popularização da
espiritualidade. Conheça os sucessos da escritora.

## Romances
*pelo espírito Lucius*

A força da vida

A verdade de cada um

A vida sabe o que faz

Ela confiou na vida

Entre o amor e a guerra

Esmeralda

Espinhos do tempo

Laços eternos

Nada é por acaso

Ninguém é de ninguém

O advogado de Deus

O amanhã a Deus pertence

O amor venceu

O encontro inesperado

O fio do destino

O poder da escolha

O matuto

O morro das ilusões

Onde está Teresa?

Pelas portas do coração

Quando a vida escolhe

Quando chega a hora

Quando é preciso voltar

Se abrindo pra vida

Sem medo de viver

Só o amor consegue

Somos todos inocentes

Tudo tem seu preço

Tudo valeu a pena

Um amor de verdade

Vencendo o passado

# Crônicas

A hora é agora!

Bate-papo com o Além

Contos do dia a dia

Conversando Contigo!

Pare de sofrer

Pedaços do cotidiano

O mundo em que eu vivo

Voltas que a vida dá

Você sempre ganha!

# Coletânea

Eu comigo!

Recados de Zibia Gasparetto

Reflexões diárias

# Desenvolvimento pessoal

Em busca de respostas

Grandes frases

O poder da vida

Vá em frente!

# Fatos e estudos

Eles continuam entre nós vol. 1

Eles continuam entre nós vol. 2

Rua das Oiticicas, 75 — SP
55 11 2613-4777

contato@vidaeconsciencia.com.br
www.vidaeconsciencia.com.br